Všestranná středomořská kuchyně 2023

Chutě, které osloví všechny vaše smysly

Pavla Zlámalová

Obsah

Linguine z mořských plodů 9

Zázvorové krevety a rajčatová pochoutka..11

Krevety a těstoviny 14

Pošírovaná treska 16

Mušle na bílém víně 18

Dilly lososová 20

Hladký losos 22

Melodie s tuňákem 23

Mořský sýr 24

Zdravé steaky 25

Bylinný losos 26

Smokey Glazed Tuňák 27

Křupavý halibut 28

Fit tuňák 29

Teplé a čerstvé rybí steaky 29

Mušle O' Marine 31

Pomalý hrnec Středomořská hovězí pečeně 32

Pomalý hrnec středomořské hovězí s artyčoky 34

Hubený pomalý hrnec Středomořská pečeně 36

Sekaná v pomalém hrnci 38

Pomalý hrnec Středomořské hovězí Hoagies 40

Středomořská vepřová pečeně 42

Hovězí pizza 44

Masové kuličky z hovězího a bulguru 47

Chutné hovězí maso a brokolice 49
Hovězí kukuřičné chilli 50
Balsamico Pokrm z hovězího masa 51
Sojová omáčka Hovězí Pečeně 53
Rozmarýnová hovězí Chuck Pečeně 55
Vepřové kotlety a rajčatová omáčka 57
Kuře s kaparovou omáčkou 58
Krůtí burgery s mangovou salsou 60
Krůtí prsa pečená na bylinkách 62
Kuřecí klobása a papriky 64
Kuřecí Piccata 66
Toskánské kuře na jedné pánvi 68
Kuřecí Kapama 70
Špenát a feta – plněná kuřecí prsa 72
Kuřecí paličky pečené na rozmarýnu 74
Kuře s cibulí, bramborami, fíky a mrkví 74
Kuřecí Gyros s Tzatziki 76
Musaka 78
Dijon a bylinková vepřová panenka 80
Steak s červeným vínem – houbovou omáčkou 82
Řecké masové kuličky 85
Jehněčí s fazolemi 87
Kuře v rajčatovo-balzamikové omáčce 89
Hnědá rýže, feta, čerstvý hrášek a mátový salát 91
Celozrnný chléb pita plněný olivami a cizrnou 93
Pečená mrkev s vlašskými ořechy a fazolemi Cannellini 95
Kořeněné kuře na másle 97

Dvojité sýrové slaninové kuře 99

Krevety s citronem a pepřem 101

Pečený a kořeněný halibut 103

Kari losos s hořčicí 105

Losos v krustě z vlašských ořechů a rozmarýnu 106

Rychlé rajčatové špagety 108

Pečený sýr s chilli oreganem 110

311. Křupavé italské kuře 110

Quinoa pizza muffiny 112

Rozmarýno-ořechový chléb 114

Chutné Crabby Panini 117

Perfektní pizza a pečivo 119

Středomořská modelka Margherita 122

Přenosné balené piknikové kusy 124

Frittata plněná pikantní cuketou a rajčatovou polevou 125

Banánový chléb ze zakysané smetany 127

Domácí pita chléb 129

Flatbread sendviče 131

Mezze talíř s opečeným chlebem Zaatar pita 133

Mini kuřecí shawarma 135

Lilek pizza 137

Středomořská celozrnná pizza 139

Pečený špenát a feta pita 140

Vodní meloun Feta & Balsamico Pizza 142

Burgery se směsí koření 143

Prosciutto – salát – sendviče s rajčaty a avokádem 145

Špenátový koláč 147

Feta kuřecí burgery 149

Pečené vepřové maso na tacos 151

Italské jablko - olivový olej koláč 153

Rychlá tilapie s červenou cibulí a avokádem 155

Grilovaná ryba na citronech 157

Weeknight Sheet Pan Fish Večeře 159

Křupavé rybí tyčinky z polenty 161

Večeře z pánve s lososem 163

Toskánské burgery s tuňákem a cuketou 165

Sicilská kapusta a tuňáková mísa 167

Středomořská treska dušená 169

Dušené mušle v omáčce z bílého vína 171

Pomerančové a česnekové krevety 173

Pečené krevety a noky 175

Pikantní krevety Puttanesca 177

Italské sendviče s tuňákem 179

Salátové zábaly s koprem 181

Pizzový koláč z bílé škeble 183

Pečená fazolová rybí moučka 185

Houbový vývar z tresky 186

Kořeněný mečoun 188

Sardelová těstovinová mánie 190

Krevetové česnekové těstoviny 191

Ocet Medový losos 193

Oranžová rybí moučka 194

Zoodles s krevetami 195

Chřestové pstruhové jídlo 196

Kale Olivový Tuňák 198

Pikantní rozmarýnové krevety 200

Chřest losos 202

Tuňákově ořechový salát 203

Krémová polévka s krevetami 205

Kořeněný losos se zeleninovou quinoou 207

Hořčičný pstruh s jablky 209

Gnocchi s krevetami 211

Krevety Saganaki 213

Středomoří losos 215

Linguine z mořských plodů

Doba přípravy: 10 minut

Čas na vaření: 35 minut

Porce: 2

Úroveň obtížnosti: Obtížná

Ingredience:

- 2 stroužky česneku, nasekaný
- 4 unce Linguine, celozrnný
- 1 polévková lžíce olivového oleje
- 14 uncí rajčat, konzervovaných a nakrájených na kostičky
- 1/2 polévkové lžíce šalotky, nakrájené
- 1/4 šálku bílého vína
- Mořská sůl a černý pepř podle chuti
- 6 Cherrystone Clams, vyčištěné
- 4 unce tilapie, nakrájené na 1 palcové proužky
- 4 unce suché mořské mušle
- 1/8 šálku parmazánového sýra, strouhaný
- 1/2 čajové lžičky majoránky, nasekané a čerstvé

Pokyny:

V hrnci dejte vařit vodu a poté uvařte těstoviny do měkka, což by mělo trvat zhruba osm minut. Sceďte a poté těstoviny propláchněte.

Rozehřejte olej na velké pánvi na středním plameni, a jakmile je olej horký, vmíchejte česnek a šalotku. Vařte minutu a často míchejte.

Před přidáním soli, vína, pepře a rajčat zvyšte teplotu na středně vysokou a přiveďte ji k varu. Vařte ještě jednu minutu.

Dále přidejte škeble, zakryjte a vařte další dvě minuty.

Vmíchejte majoránku, mušle a ryby. Pokračujte ve vaření, dokud se ryba neprovaří a vaše škeble se neotevřou, bude to trvat až pět minut a zbavíte se všech škeblí, které se neotevřou.

Omáčku a škeble nalijte na těstoviny, před podáváním posypte parmazánem a majoránkou. Podávejte teplé.

Výživa (na 100 g): 329 kalorií 12 g tuků 10 g sacharidů 33 g bílkovin 836 mg sodíku

Zázvorové krevety a rajčatová pochoutka

Doba přípravy: 10 minut

Čas na vaření: 15 minut

Porce: 2

Úroveň obtížnosti: Obtížná

Ingredience:

- 1 1/2 polévkové lžíce rostlinného oleje
- 1 stroužek česneku, mletý
- 10 krevet, extra velké, loupané a ocasy ponechány
- 3/4 polévkové lžíce Finger, strouhaný a oloupaný
- 1 zelená rajčata, půlená
- 2 švestková rajčata, rozpůlená
- 1 polévková lžíce limetkové šťávy, čerstvé
- 1/2 lžičky cukru
- 1/2 polévkové lžíce Jalapeno se semínky, čerstvé a mleté
- 1/2 polévkové lžíce bazalky, čerstvé a nasekané
- 1/2 polévkové lžíce koriandru, nakrájeného a čerstvého
- 10 špejlí
- Mořská sůl a černý pepř podle chuti

Pokyny:

Ponořte špízy do pánve s vodou alespoň na půl hodiny.

Česnek a zázvor promíchejte v misce, polovinu přeneste do větší misky a promíchejte se dvěma lžícemi oleje. Přidejte krevety a ujistěte se, že jsou dobře obalené.

Zakryjte a dejte alespoň na půl hodiny do lednice a poté nechte vychladit.

Rozpalte gril na vysokou teplotu a rošty lehce namažte olejem. Vyndejte misku a prohoďte švestky a zelená rajčata se zbylou lžící oleje, dochuťte solí a pepřem.

Rajčata grilujte řeznou stranou nahoru a slupky by měly být připálené. Dužnina rajčete by měla být křehká, což u švestkového rajčete bude trvat asi čtyři až šest minut a u zelených asi deset minut.

Jakmile rajčata dostatečně vychladnou, odstraňte slupky a semena vyhoďte. Dužninu rajčat nakrájíme najemno a přidáme k odloženému zázvoru a česneku. Přidejte cukr, jalapeno, limetkovou šťávu a bazalku.

Okořeňte si krevety solí a pepřem, navlékněte je na špejle, a poté grilujte, dokud nebudou neprůhledné, což je asi dvě minuty na každé straně. Umístěte krevety na mísu s vaší chutí a užívejte si.

Výživa (na 100 g): 391 kalorií 13 g tuků 11 g sacharidů 34 g bílkovin 693 mg sodíku

Krevety a těstoviny

Doba přípravy: 10 minut
Čas na vaření: 10 minut
Porce: 2
Úroveň obtížnosti: Průměrná

Ingredience:

- 2 šálky Andělských vlasových těstovin, vařené
- 1/2 lb. Střední krevety, loupané
- 1 stroužek česneku, mletý
- 1 šálek rajčat, nakrájených
- 1 čajová lžička olivového oleje
- 1/6 šálku oliv Kalamata, vypeckované a nasekané
- 1/8 šálku bazalky, čerstvé a tenké plátky
- 1 polévková lžíce kapary, okapané
- 1/8 šálku sýra Feta, rozdrobený
- Dash černý pepř

Pokyny:

Uvařte těstoviny podle pokynů na obalu a poté zahřejte olivový olej na pánvi na středně vysokou teplotu. Vařte česnek půl minuty a poté přidejte krevety. Smažte ještě minutu.

Přidejte bazalku a rajčata a poté snižte teplotu, aby se tři minuty vařily. Vaše rajče by mělo být měkké.

Vmíchejte olivy a kapary. Přidejte špetku černého pepře a kombinujte krevetovou směs a těstoviny k podávání. Před podáváním teplé posypte sýrem.

Výživa (na 100 g): 357 kalorií 11 g tuků 9 g sacharidů 30 g bílkovin 871 mg sodíku

Pošírovaná treska

Doba přípravy: 10 minut

Čas na vaření: 25 minut

Porce: 2

Úroveň obtížnosti: Průměrná

Ingredience:

- 2 Filety z tresky, 6 uncí
- Mořská sůl a černý pepř podle chuti
- 1/4 šálku suchého bílého vína
- 1/4 šálku mořských plodů
- 2 stroužky česneku, mletý
- 1 bobkový list
- 1/2 čajové lžičky šalvěje, čerstvé a nasekané
- 2 snítky rozmarýnu na ozdobu

Pokyny:

Začněte tím, že zapnete troubu na 375, a poté filety dochutíte solí a pepřem. Vložte je do pekáče a přidejte vývar, česnek, víno, šalvěj a bobkový list. Dobře přikryjte a poté dvacet minut pečte. Vaše ryba by měla být při testování vidličkou šupinatá.

Pomocí špachtle vyjměte každý filet, umístěte tekutinu na vysokou teplotu a vařte, aby se zredukovala na polovinu. Mělo by to trvat deset minut a je třeba často míchat. Podáváme zakapané v pošírovací tekutině a ozdobené snítkou rozmarýnu.

Výživa (na 100 g): 361 kalorií 10 g tuků 9 g sacharidů 34 g bílkovin 783 mg sodíku

Mušle na bílém víně

Doba přípravy: 5 minut
Čas na vaření: 10 minut
Porce: 2
Úroveň obtížnosti: Obtížná

Ingredience:

- 2 libry živé mušle, čerstvé
- 1 šálek suchého bílého vína
- 1/4 čajové lžičky mořské soli, jemné
- 3 stroužky česneku, mletý
- 2 čajové lžičky šalotky, nakrájené na kostičky
- 1/4 šálku petržele, čerstvé a nasekané, dělené
- 2 polévkové lžíce olivového oleje
- 1/4 citronu, odšťavněný

Pokyny:

Vytáhněte cedník a vydrhněte mušle a opláchněte je studenou vodou. Vyhoďte slávky, které se po poklepání nezavřou, a poté pomocí odřezávacího nože odstraňte vousy z každé z nich.

Vyndejte hrnec, umístěte jej na středně vysokou teplotu a přidejte česnek, šalotku, víno a petržel. Přiveďte k varu. Jakmile bude vařit, přidejte mušle a přikryjte. Nechte je pět až sedm minut vařit. Ujistěte se, že se nepřevaří.

Pomocí děrované lžíce je vyjměte a do hrnce přidejte citronovou šťávu a olivový olej. Dobře promíchejte a před podáváním s petrželkou zalijte mušle vývarem.

Výživa (na 100 g): 345 kalorií 9 g tuků 18 g sacharidů 37 g bílkovin 693 mg sodíku

Dilly lososová

Doba přípravy: 10 minut
Čas na vaření: 15 minut
Porce: 2
Úroveň obtížnosti: Průměrná

Ingredience:

- 2 filety z lososa, každý 6 uncí
- 1 polévková lžíce olivového oleje
- 1/2 mandarinky, odšťavněná
- 2 čajové lžičky pomerančové kůry
- 2 polévkové lžíce kopru, čerstvého a nasekaného
- Mořská sůl a černý pepř podle chuti

Pokyny:

Připravte troubu na 375 stupňů a poté vytáhněte dva desetipalcové kusy fólie. Filety potřete z obou stran olivovým olejem, než je dochuťte solí a pepřem, a každý filet vložte do kousku fólie.

Každý z nich pokapejte pomerančovým džusem a navrch přidejte pomerančovou kůru a kopr. Zavřete balíček, ujistěte se, že má ve fólii dva palce vzduchu, aby se vaše ryby mohly zapařit, a poté je položte na zapékací misku.

Před otevřením balíčků pečte patnáct minut a přendejte na dva servírovací talíře. Před podáváním přelijte vrch každého z nich omáčkou.

Výživa (na 100 g): 366 kalorií 14 g tuků 9 g sacharidů 36 g bílkovin 689 mg sodíku

Hladký losos

Doba přípravy: 8 minut

Čas na vaření: 8 minut

Porce: 2

Úroveň obtížnosti: Snadná

Ingredience:

- Losos, 6 uncový filet
- Citron, 2 plátky
- Kapary, 1 polévková lžíce
- Mořská sůl a pepř, 1/8 lžičky
- Extra panenský olivový olej, 1 polévková lžíce

Pokyny:

Umístěte čistou pánev na střední teplotu a připravte ji na 3 minuty. Na talíř dejte olivový olej a lososa úplně potřete. Lososa vařte na pánvi na vysoké teplotě.

Nahoďte lososa zbylými ingrediencemi a otočte, aby se opékala z každé strany. Všimněte si, když jsou obě strany hnědé. Může to trvat 3-5 minut na každé straně. Ujistěte se, že je losos propečený testováním vidličkou.

Podávejte s plátky citronu.

Výživa (na 100 g): 371 kalorií 25,1 g tuků 0,9 g sacharidů 33,7 g bílkovin 782 mg sodíku

Melodie s tuňákem

Doba přípravy: 20 minut

Čas na vaření: 20 minut

Porce: 2

Úroveň obtížnosti: Snadná

Ingredience:

- Tuňák, 12 uncí
- Zelená cibule, 1 na ozdobu
- Paprika, ¼, nakrájená
- Ocet, 1 čárka
- Sůl a pepř na dochucení
- Avokádo, 1, rozpůlené a vypeckované
- Řecký jogurt, 2 polévkové lžíce

Pokyny:

V misce smíchejte tuňáka s octem, cibulí, jogurtem, avokádem a pepřem.

Přidejte koření, promíchejte a podávejte se zelenou cibulkou.

Výživa (na 100 g): 294 kalorií 19 g tuků 10 g sacharidů 12 g bílkovin 836 mg sodíku

Mořský sýr

Doba přípravy: 12 minut

Čas na vaření: 25 minut

Porce: 2

Úroveň obtížnosti: Snadná

Ingredience:

- Losos, 6 uncový filet
- Sušená bazalka, 1 polévková lžíce
- Sýr, 2 lžíce, strouhaný
- Rajče, 1, nakrájené
- Extra panenský olivový olej, 1 polévková lžíce

Pokyny:

Připravte si pečicí troubu na 375 F. Navrstvěte hliníkovou fólii do pekáčku a postříkejte kuchyňským olejem. Lososa opatrně přendáme na pekáč a poklademe zbytkem ingrediencí.

Lososa necháme 20 minut zhnědnout. Nechte pět minut vychladnout a přendejte na servírovací talíř. Uprostřed lososa uvidíte polevu.

Výživa (na 100 g): 411 kalorií 26,6 g tuků 1,6 g sacharidů 8 g bílkovin 822 mg sodíku

Zdravé steaky

Doba přípravy: 10 minut

Čas na vaření: 20 minut

Porce: 2

Úroveň obtížnosti: Snadná

Ingredience:

- Olivový olej, 1 lžička
- Halibut steak, 8 uncí
- Česnek, ½ lžičky, mletý
- Máslo, 1 polévková lžíce
- Sůl a pepř na dochucení

Pokyny:

Rozpálíme pánev a přidáme olej. Na středním plameni opečte steaky na pánvi, rozpusťte máslo s česnekem, solí a pepřem. Přidejte steaky, promíchejte a podávejte.

Výživa (na 100 g): 284 kalorií 17 g tuků 0,2 g sacharidů 8 g bílkovin 755 mg sodíku

Bylinný losos

Doba přípravy: 8 minut
Čas na vaření: 18 minut
Porce: 2
Úroveň obtížnosti: Snadná

Ingredience:

- Losos, 2 filety bez kůže
- Hrubá sůl podle chuti
- Extra panenský olivový olej, 1 polévková lžíce
- Citron, 1, nakrájený na plátky
- Čerstvý rozmarýn, 4 snítky

Pokyny:

Předehřejte troubu na 400 F. Umístěte hliníkovou fólii do zapékací misky a položte na ni lososa. Lososa posypte zbytkem ingrediencí a pečte 20 minut. Ihned podáváme s plátky citronu.

Výživa (na 100 g): 257 kalorií 18 g tuků 2,7 g sacharidů 7 g bílkovin 836 mg sodíku

Smokey Glazed Tuňák

Doba přípravy: 35 minut

Čas na vaření: 10 minut

Porce: 2

Úroveň obtížnosti: Snadná

Ingredience:

- Tuňák, 4-uncové steaky
- Pomerančový džus, 1 polévková lžíce
- Mletý česnek, ½ stroužku
- Citronová šťáva, ½ lžičky
- Čerstvá petržel, 1 polévková lžíce, nasekaná
- Sojová omáčka, 1 polévková lžíce
- Extra panenský olivový olej, 1 polévková lžíce
- Mletý černý pepř, ¼ lžičky
- Oregano, ¼ lžičky

Pokyny:

Vyberte mixovací nádobu a přidejte všechny ingredience kromě tuňáka. Dobře promíchejte a poté přidejte tuňáka do marinády. Tuto směs dejte na půl hodiny do chladničky. Rozpálíme grilovací pánev a tuňáka opečeme z každé strany 5 minut. Podávejte uvařené.

Výživa (na 100 g): 200 kalorií 7,9 g tuků 0,3 g sacharidů 10 g bílkovin 734 mg sodíku

Křupavý halibut

Doba přípravy: 20 minut
Čas na vaření: 15 minut
Porce: 2
Úroveň obtížnosti: Snadná

Ingredience:

- Petržel navrch
- Čerstvý kopr, 2 lžíce, nasekaný
- Čerstvá pažitka, 2 lžíce, nasekaná
- Olivový olej, 1 polévková lžíce
- Sůl a pepř na dochucení
- Halibut, filety, 6 uncí
- Citronová kůra, ½ lžičky, jemně nastrouhaná
- Řecký jogurt, 2 polévkové lžíce

Pokyny:

Předehřejte troubu na 400 F. Plech vyložte alobalem. Přidejte všechny ingredience do široké mísy a marinujte filety. Opláchněte a osušte filety; poté vložte do trouby a pečte 15 minut.

Výživa (na 100 g): 273 kalorií 7,2 g tuků 0,4 g sacharidů 9 g bílkovin 783 mg sodíku

Fit tuňák

Doba přípravy: 15 minut
Čas na vaření: 10 minut
Porce: 2
Úroveň obtížnosti: Snadná

Ingredience:

- Vejce, ½
- Cibule, 1 polévková lžíce, jemně nakrájená
- Celer navrch
- Sůl a pepř na dochucení
- Česnek, 1 stroužek, mletý
- Konzervovaný tuňák, 7 uncí
- Řecký jogurt, 2 polévkové lžíce

Pokyny:

Tuňáka sceďte a přidejte vejce a jogurt s česnekem, solí a pepřem.

V misce smíchejte tuto směs s cibulí a tvarujte placičky. Vezměte velkou pánev a opékejte placičky 3 minuty z každé strany. Scedíme a podáváme.

Výživa (na 100 g): 230 kalorií 13 g tuků 0,8 g sacharidů 10 g bílkovin 866 mg sodíku

Teplé a čerstvé rybí steaky

Doba přípravy: 14 minut

Čas na vaření: 14 minut

Porce: 2

Úroveň obtížnosti: Snadná

Ingredience:

- Česnek, 1 stroužek, mletý
- Citronová šťáva, 1 polévková lžíce
- Hnědý cukr, 1 polévková lžíce
- Steak z halibuta, 1 libra
- Sůl a pepř na dochucení
- Sojová omáčka, ¼ lžičky
- Máslo, 1 lžička
- Řecký jogurt, 2 polévkové lžíce

Pokyny:

Na středním plameni předehřejte gril. V misce smíchejte máslo, cukr, jogurt, citronovou šťávu, sójovou omáčku a koření. Směs zahřejte na pánvi. Touto směsí potřete steak při pečení na grilu. Podávejte horké.

Výživa (na 100 g): 412 kalorií 19,4 g tuků 7,6 g sacharidů 11 g bílkovin 788 mg sodíku

Mušle O' Marine

Doba přípravy: 20 minut
Čas na vaření: 10 minut
Porce: 2
Úroveň obtížnosti: Snadná

Ingredience:

- Mušle, vydrhnuté a zbavené vousů, 1 libra
- Kokosové mléko, ½ šálku
- Kajenský pepř, 1 lžička
- Čerstvá citronová šťáva, 1 polévková lžíce
- Česnek, 1 lžička, mletý
- Koriandr, čerstvě nasekaný na polevu
- Hnědý cukr, 1 lžička

Pokyny:

Všechny ingredience kromě mušlí smícháme v hrnci. Směs zahřejte a přiveďte k varu. Přidejte mušle a vařte 10 minut. Podáváme v misce s uvařenou tekutinou.

Výživa (na 100 g): 483 kalorií 24,4 g tuků 21,6 g sacharidů 1,2 g bílkovin 499 mg sodíku

Pomalý hrnec Středomořská hovězí pečeně

Doba přípravy: 10 minut
Čas na vaření: 10 hodin a 10 minut
Porce: 6
Úroveň obtížnosti: Průměrná

Ingredience:

- 3 libry Chuck pečeně, bez kostí
- 2 lžičky rozmarýnu
- ½ šálku rajčat, sušených a nakrájených
- 10 stroužků nastrouhaného česneku
- ½ šálku hovězího vývaru
- 2 lžíce balzamikového octa
- ¼ šálku nasekané italské petrželky, čerstvé
- ¼ šálku nakrájených oliv
- 1 lžička citronové kůry
- ¼ šálku sýrové krupice

Pokyny:

Do pomalého hrnce dejte česnek, sušená rajčata a hovězí pečínku. Přidejte hovězí vývar a rozmarýn. Zavřete hrnec a pomalu vařte 10 hodin.

Po dokončení vaření vyjměte hovězí maso a nakrájejte maso. Vyhoďte tuk. Nakrájené maso přidejte zpět do pomalého hrnce a vařte 10 minut. V malé misce smíchejte citronovou kůru, petržel a olivy. Směs ochlaďte, dokud nebudete připraveni k podávání. Ozdobte pomocí chlazené směsi.

Podávejte přes těstoviny nebo vaječné nudle. Posypte krupicí sýra.

Výživa (na 100 g): 314 kalorií 19 g tuků 1 g sacharidů 32 g bílkovin 778 mg sodíku

Pomalý hrnec středomořské hovězí s artyčoky

Čas na přípravu: 3 hodiny a 20 minut

Čas na vaření: 7 hodin a 8 minut

Porce: 6

Úroveň obtížnosti: Snadná

Ingredience:

- 2 libry hovězího na dušení
- 14 uncí artyčokových srdcí
- 1 lžíce oleje z hroznových jader
- 1 nakrájená cibule
- 32 uncí hovězí vývar
- 4 stroužky česnek, nastrouhaný
- 14½ unce rajčat v konzervě, nakrájené na kostičky
- 15 uncí rajčatová omáčka
- 1 lžička sušeného oregana
- ½ šálku vypeckovaných, nakrájených oliv
- 1 lžička sušené petrželky
- 1 lžička sušeného oregana
- ½ lžičky mletého kmínu
- 1 lžička sušené bazalky
- 1 Bobkový list
- ½ lžičky soli

Pokyny:

Do velké nepřilnavé pánve nalijte trochu oleje a přiveďte na středně vysokou teplotu. Hovězí maso opečeme, dokud z obou stran nezhnědne. Přesuňte hovězí maso do pomalého hrnce.

Přidejte hovězí vývar, nakrájená rajčata, rajčatovou omáčku, sůl a promíchejte. Zalijte hovězím vývarem, nakrájenými rajčaty, oreganem, olivami, bazalkou, petrželkou, bobkovým listem a římským kmínem. Směs důkladně promíchejte.

Uzavřete a vařte na mírném ohni 7 hodin. Bobkový list při podávání vyhoďte. Podávejte horké.

Výživa (na 100 g): 416 kalorií 5 g tuků 14,1 g sacharidů 29,9 g bílkovin 811 mg sodíku

Hubený pomalý hrnec Středomořská pečeně

Doba přípravy: 30 minut
Doba vaření: 8 hodin
Počet porcí: 10
Úroveň obtížnosti: Obtížná

Ingredience:

- 4 libry Oko kulaté pečeně
- 4 stroužky česneku
- 2 lžičky olivového oleje
- 1 lžička čerstvě mletého černého pepře
- 1 šálek nakrájené cibule
- 4 nakrájené mrkve
- 2 lžičky sušeného rozmarýnu
- 2 Nakrájený řapíkatý celer
- 28 uncí drcených rajčat v plechovce
- 1 šálek hovězího vývaru s nízkým obsahem sodíku
- 1 šálek červeného vína
- 2 lžičky Sůl

Pokyny:

Hovězí výpek ochutíme solí, česnekem a pepřem a dáme stranou. Na nepřilnavou pánev nalijte olej a přiveďte na středně vysokou teplotu. Vložíme do něj hovězí maso a opečeme, dokud ze všech stran nezhnědne. Nyní přesuňte pečené hovězí do 6litrového pomalého hrnce. Do pánve přidejte mrkev, cibuli, rozmarýn a celer. Pokračujte ve vaření, dokud cibule a zelenina nezměknou.

Do této zeleninové směsi vmícháme rajčata a víno. Přidejte hovězí vývar a rajčatovou směs do pomalého hrnce spolu se zeleninovou směsí. Zavřete a 8 hodin vařte na nízké teplotě.

Jakmile je maso uvařené, vyjměte ho z pomalého hrnce a položte na prkénko a zabalte do hliníkové fólie. Aby omáčka zhoustla, přendejte ji do hrnce a na mírném ohni vařte, dokud nedosáhne požadované konzistence. Před podáváním vyhoďte tuky.

Výživa (na 100 g): 260 kalorií 6 g tuků 8,7 g sacharidů 37,6 g bílkovin 588 mg sodíku

Sekaná v pomalém hrnci

Doba přípravy: 10 minut

Čas na vaření: 6 hodin a 10 minut

Porce: 8

Úroveň obtížnosti: Průměrná

Ingredience:

- 2 libry Zemního bizona
- 1 nastrouhaná cuketa
- 2 velká vejce
- Olivový olej ve spreji na vaření podle potřeby
- 1 cuketa, nakrájená
- ½ šálku petržele, čerstvé, jemně nasekané
- ½ šálku parmazánu, strouhaného
- 3 lžíce balzamikového octa
- 4 stroužky česneku, nastrouhané
- 2 lžíce nasekané cibule
- 1 lžíce sušené oregano
- ½ lžičky mletého černého pepře
- ½ lžičky košer soli
- Na polevu:
- ¼ šálku strouhaného sýra Mozzarella
- ¼ šálku kečupu bez cukru
- ¼ šálku čerstvě nasekané petrželky

Pokyny:

Pruhovaný vnitřek šestilitrového pomalého hrnce vyložte hliníkovou fólií. Nastříkejte na něj nepřilnavý kuchyňský olej.

Ve velké míse smíchejte mletého bizona nebo extra libovou mletou svíčkovou, cuketu, vejce, petržel, balzamikový ocet, česnek, sušené oregano, mořskou nebo košer sůl, mletou suchou cibuli a mletý černý pepř.

Tuto směs vložte do pomalého hrnce a vytvořte podlouhlý bochník. Hrnec zakryjte, nastavte na nízkou teplotu a vařte 6 hodin. Po uvaření sporák otevřete a sekanou potřete kečupem.

Nyní položte sýr nad kečup jako novou vrstvu a zavřete pomalý hrnec. Na těchto dvou vrstvách necháme sekanou uležet asi 10 minut nebo dokud se sýr nezačne rozpouštět. Ozdobte čerstvou petrželkou a strouhaným sýrem Mozzarella.

Výživa (na 100 g): 320 kalorií 2 g tuků 4 g sacharidů 26 g bílkovin 681 mg sodíku

Pomalý hrnec Středomořské hovězí Hoagies

Doba přípravy: 10 minut
Doba vaření: 13 hodin
Porce: 6
Úroveň obtížnosti: Průměrná

Ingredience:

- 3 libry Hovězí top kulatá pečeně bez tuku
- ½ lžičky cibulového prášku
- ½ lžičky černého pepře
- 3 šálky hovězího vývaru s nízkým obsahem sodíku
- 4 lžičky Směs na zálivku
- 1 Bobkový list
- 1 lžíce česneku, mletého
- 2 červené papriky, nakrájené na tenké proužky
- 16 uncí Pepperoncino
- 8 plátků Sargento Provolone, tenké
- 2 unce bezlepkového chleba
- ½ lžičky soli
- <u>Na dochucení:</u>
- 1½ lžíce cibulového prášku
- 1½ lžíce česnekového prášku
- 2 lžíce sušené petrželky

- 1 lžička stévie
- ½ lžičky sušeného tymiánu
- 1 lžíce sušené oregano
- 2 lžíce černého pepře
- 1 lžíce Sůl
- 6 plátků sýra

Pokyny:

Pečeně osušte papírovou utěrkou. Smíchejte černý pepř, cibulový prášek a sůl v malé misce a směsí potřete výpek. Ochucenou pečínku vložíme do pomalého hrnce.

Do pomalého hrnce přidejte vývar, směs na zálivku, bobkový list a česnek. Jemně to spojte. Zavřete a nastavte na nízké vaření po dobu 12 hodin. Po uvaření vyjmeme bobkový list.

Vyjměte vařené hovězí maso a nakrájejte hovězí maso. Vložíme zpět nakrájené hovězí maso a přidáme papriky a. Přidejte papriky a pepperoncino do pomalého hrnce. Zakryjte hrnec a vařte 1 hodinu. Před podáváním naplňte každý chléb 3 uncemi masové směsi. Navrch dejte plátek sýra. Tekutou omáčku lze použít jako dip.

Výživa (na 100 g): 442 kalorií 11,5 g tuků 37 g sacharidů 49 g bílkovin 735 mg sodíku

Středomořská vepřová pečeně

Doba přípravy: 10 minut

Čas na vaření: 8 hodin a 10 minut

Porce: 6

Úroveň obtížnosti: Průměrná

Ingredience:

- 2 lžíce olivového oleje
- 2 libry vepřová pečeně
- ½ lžičky papriky
- ¾ šálku kuřecího vývaru
- 2 lžičky sušené šalvěje
- ½ lžíce mletého česneku
- ¼ lžičky sušené majoránky
- ¼ lžičky sušeného rozmarýnu
- 1 lžička oregano
- ¼ lžičky sušeného tymiánu
- 1 lžička bazalky
- ¼ lžičky košer soli

Pokyny:

V malé misce smícháme vývar, olej, sůl a koření. Na pánev nalijte olivový olej a přiveďte na středně vysokou teplotu. Vložte do něj vepřové maso a opékejte, dokud všechny strany nezhnědnou.

Po uvaření vepřové maso vyndejte a pečínku celou propíchejte nožem. Vložte vepřovou pečínku do 6litrového hrnce. Nyní nalijte tekutou směs z malé mísy na celou pečeně.

Uzavřete hrnec a vařte na nízké teplotě po dobu 8 hodin. Po uvaření vyjměte z hrnce na prkénko a nakrájejte na kousky. Poté přidejte nakrájené vepřové maso zpět do hrnce. Vařte dalších 10 minut. Podávejte spolu se sýrem feta, pita chlebem a rajčaty.

Výživa (na 100 g): 361 kalorií 10,4 g tuků 0,7 g sacharidů 43,8 g bílkovin 980 mg sodíku

Hovězí pizza

Doba přípravy: 20 minut
Čas na vaření: 50 minut
Počet porcí: 10
Úroveň obtížnosti: Obtížná

Ingredience:

- <u>Pro kůru:</u>
- 3 hrnky univerzální mouky
- 1 lžíce cukru
- 2¼ lžičky aktivního sušeného droždí
- 1 lžička soli
- 2 lžíce olivového oleje
- 1 šálek teplé vody
- <u>Na polevu:</u>
- 1 libra mletého hovězího masa
- 1 střední cibule, nakrájená
- 2 lžíce rajčatového protlaku
- 1 lžíce mletého kmínu
- Sůl a mletý černý pepř podle potřeby
- ¼ šálku vody
- 1 šálek čerstvého špenátu, nakrájeného
- 8 uncí artyčokových srdcí, rozčtvrcených
- 4 unce čerstvých hub, nakrájených na plátky

- 2 rajčata, nakrájená
- 4 unce sýra feta, rozdrobený

Pokyny:

Pro kůru:

Mouku, cukr, droždí a sůl smíchejte pomocí tyčového mixéru pomocí háku na těsto. Přidejte 2 lžíce oleje a teplou vodu a hněťte, dokud nevznikne hladké a pružné těsto.

Z těsta vytvořte kouli a nechte asi 15 minut odstát.

Těsto položte na lehce pomoučněnou plochu a vyválejte do kruhu. Umístěte těsto do lehce vymazané kulaté formy na pizzu a jemně přitlačte, aby se vešlo. Nechte stranou asi 10-15 minut. Kůru potřete trochou oleje. Předehřejte troubu na 400 stupňů F.

Na polevu:

Smažte hovězí maso na nepřilnavé pánvi na středně vysoké teplotě asi 4-5 minut. Vmícháme cibuli a za častého míchání opékáme asi 5 minut. Přidejte rajčatový protlak, kmín, sůl, černý pepř a vodu a míchejte, aby se spojily.

Nastavte teplotu na střední a vařte asi 5-10 minut. Sundejte z plotny a dejte stranou. Hovězí směs položte na pizzu a navrch dejte špenát, poté artyčoky, žampiony, rajčata a sýr Feta.

Pečte, dokud se sýr nerozpustí. Vyjměte z trouby a před krájením nechte asi 3-5 minut stranou. Nakrájejte na požadované plátky a podávejte.

Výživa (na 100 g): 309 kalorií 8,7 g tuků 3,7 g sacharidů 3,3 g bílkovin 732 mg sodíku

Masové kuličky z hovězího a bulguru

Doba přípravy: 20 minut

Čas na vaření: 28 minut

Porce: 6

Úroveň obtížnosti: Průměrná

Ingredience:

- ¾ šálku nevařeného bulguru
- 1 libra mletého hovězího masa
- ¼ šálku šalotky, mleté
- ¼ šálku čerstvé petrželky, mleté
- ½ lžičky mletého nového koření
- ½ lžičky mletého kmínu
- ½ lžičky mleté skořice
- ¼ lžičky vloček červené papriky, drcených
- Sůl, podle potřeby
- 1 lžíce olivového oleje

Pokyny:

Ve velké misce se studenou vodou namočte bulgur asi na 30 minut. Bulgur dobře sceďte a poté jej vymačkejte rukama, abyste odstranili přebytečnou vodu. V kuchyňském robotu přidejte bulgur, hovězí maso, šalotku, petržel, koření, sůl a luštěninu, dokud nevznikne hladká směs.

Směs dejte do mísy a chlaďte přikryté asi 30 minut. Vyndejte z lednice a z hovězí směsi vytvořte stejně velké kuličky. Ve velké nepřilnavé pánvi rozehřejte olej na středně vysokou teplotu a opékejte masové kuličky ve 2 dávkách asi 13–14 minut, často obracejte. Podávejte teplé.

Výživa (na 100 g): 228 kalorií 7,4 g tuků 0,1 g sacharidů 3,5 g bílkovin 766 mg sodíku

Chutné hovězí maso a brokolice

Doba přípravy: 10 minut

Čas na vaření: 15 minut

Porce: 4

Úroveň obtížnosti: Snadná

Ingredience:

- 1 a ½ libry. boky steak
- 1 polévková lžíce. olivový olej
- 1 polévková lžíce. tamari omáčka
- 1 šálek hovězího vývaru
- 1 libra brokolice, růžičky oddělené

Pokyny:

Proužky steaku spojte s olejem a tamari, promíchejte a nechte 10 minut stát. Zvolte instantní hrnec na režim restování, vložte nudličky hovězího masa a opékejte je z každé strany 4 minuty. Promíchejte ve vývaru, hrnec znovu přikryjte a 8 minut vařte na nejvyšší stupeň. Vmíchejte brokolici, přikryjte a vařte na nejvyšší stupeň další 4 minuty. Vše naporcujte mezi talíře a podávejte. Užívat si!

Výživa (na 100 g): 312 kalorií 5 g tuků 20 g sacharidů 4 g bílkovin 694 mg sodíku

Hovězí kukuřičné chilli

Doba přípravy: 8-10 minut
Čas na vaření: 30 minut
Porce: 8
Úroveň obtížnosti: Průměrná

Ingredience:

- 2 malé cibule, nakrájené (jemně)
- ¼ šálku konzervované kukuřice
- 1 lžíce oleje
- 10 uncí libového mletého hovězího masa
- 2 malé chilli papričky, nakrájené na kostičky

Pokyny:

Zapněte instantní hrnec. Klikněte na „SAUTE". Nalijte olej a poté vmíchejte cibuli, chilli papričku a hovězí maso; vaříme, dokud nezprůhlední a nezměkne. Nalijte 3 šálky vody do hrnce na vaření; dobře promíchejte.

Utěsněte víko. Vyberte „MASO/DUŠENÉ". Nastavte časovač na 20 minut. Nechte vařit, dokud se časovač nenastaví na nulu.

Klikněte na „CANCEL" a poté na „NPR" pro přirozené uvolnění tlaku po dobu asi 8-10 minut. Otevřete a umístěte misku na servírovací talíře. Sloužit.

Výživa (na 100 g): 94 kalorií 5 g tuků 2 g sacharidů 7 g bílkovin 477 mg sodíku

Balsamico Pokrm z hovězího masa

Doba přípravy: 5 minut

Čas na vaření: 55 minut

Porce: 8

Úroveň obtížnosti: Průměrná

Ingredience:

- 3 libry sklíčidlo pečeně
- 3 stroužky česneku, nakrájené na tenké plátky
- 1 lžíce oleje
- 1 lžička ochuceného octa
- ½ lžičky pepře
- ½ lžičky rozmarýnu
- 1 lžíce másla
- ½ lžičky tymiánu
- ¼ šálku balzamikového octa
- 1 hrnek hovězího vývaru

Pokyny:

Ve výpeku nakrájejte řezy a celé naplňte plátky česneku. Smíchejte ochucený ocet, rozmarýn, pepř, tymián a směsí potřete výpek. Vyberte hrnec na režim sauté a vmíchejte olej, nechte ho rozehřát. Pečeme z obou stran.

Vyndejte a dejte stranou. Vmícháme máslo, bujón, balzamikový ocet a hrnec odglazujeme. Vraťte pečeni a zavřete poklici, poté pečte 40 minut na VYSOKÝ tlak.

Proveďte rychlé uvolnění. Sloužit!

Výživa (na 100 g): 393 kalorií 15 g tuků 25 g sacharidů 37 g bílkovin 870 mg sodíku

Sojová omáčka Hovězí Pečeně

Doba přípravy: 8 minut
Čas na vaření: 35 minut
Počet porcí: 2-3
Úroveň obtížnosti: Průměrná

Ingredience:

- ½ lžičky hovězího vývaru
- 1 ½ lžičky rozmarýnu
- ½ lžičky mletého česneku
- 2 libry hovězí pečeně
- 1/3 šálku sójové omáčky

Pokyny:

Smíchejte sójovou omáčku, bujón, rozmarýn a česnek v míse.

Zapněte instantní hrnec. Umístěte pečeně a nalijte tolik vody, aby pečeně pokryla; jemně promíchejte, aby se dobře promíchalo. Pevně to utěsněte.

Klikněte na funkci „MASO/DUŠENÉ" vaření; nastavte úroveň tlaku na „HIGH" a nastavte dobu vaření na 35 minut. Nechte vyvinout tlak, aby se ingredience uvařily. Po dokončení klikněte na nastavení „ZRUŠIT" a poté na funkci vaření „NPR" pro přirozené uvolnění tlaku.

Postupně otevírejte víko a maso nakrájejte. Nakrájené maso vmícháme zpět do zavařovací směsi a dobře promícháme. Přeneste do servírovacích nádob. Podávejte teplé.

Výživa (na 100 g): 423 kalorií 14 g tuků 12 g sacharidů 21 g bílkovin 884 mg sodíku

Rozmarýnová hovězí Chuck Pečeně

Doba přípravy: 5 minut

Čas na vaření: 45 minut

Počet porcí: 5-6

Úroveň obtížnosti: Průměrná

Ingredience:

- 3 libry chuck hovězí pečeně
- 3 stroužky česneku
- ¼ šálku balzamikového octa
- 1 snítka čerstvého rozmarýnu
- 1 snítka čerstvého tymiánu
- 1 šálek vody
- 1 lžíce rostlinného oleje
- Sůl a pepř na dochucení

Pokyny:

Ve výpeku nakrájejte plátky a vložte do nich stroužky česneku. Pečeně potřeme bylinkami, černým pepřem a solí. Předehřejte instantní hrnec na stupeň restování a nalijte olej. Po rozehřátí vmícháme hovězí výpek a mícháme do zhnědnutí ze všech stran. Přidejte zbývající přísady; jemně promíchejte.

Pevně uzavřete a vařte na nejvyšší stupeň po dobu 40 minut pomocí ručního nastavení. Nechte tlak přirozeně uvolnit, asi 10 minut. Odkryjeme a položíme na servírovací talíře hovězí pečínku, nakrájíme a podáváme.

Výživa (na 100 g): 542 kalorií 11,2 g tuků 8,7 g sacharidů 55,2 g bílkovin 710 mg sodíku

Vepřové kotlety a rajčatová omáčka

Doba přípravy: 10 minut
Čas na vaření: 20 minut
Porce: 4
Úroveň obtížnosti: Snadná

Ingredience:

- 4 vepřové kotlety, vykostěné
- 1 lžíce sójové omáčky
- ¼ lžičky sezamového oleje
- 1 a ½ šálku rajčatové pasty
- 1 žlutá cibule
- 8 hub, nakrájených na plátky

Pokyny:

V misce smíchejte vepřové kotlety se sójovou omáčkou a sezamovým olejem, promíchejte a nechte 10 minut stát. Nastavte instantní hrnec na režim soté, přidejte vepřové kotlety a opékejte je z každé strany 5 minut. Vmícháme cibuli a restujeme ještě 1-2 minuty. Přidejte rajčatový protlak a houby, promíchejte, přikryjte a vařte na nejvyšší stupeň 8-9 minut. Vše rozdělte na talíře a podávejte. Užívat si!

Výživa (na 100 g): 300 kalorií 7 g tuků 18 g sacharidů 4 g bílkovin 801 mg sodíku

Kuře s kaparovou omáčkou

Doba přípravy: 10 minut
Čas na vaření: 18 minut
Porce: 5
Úroveň obtížnosti: Obtížná

Ingredience:

- <u>Na kuře:</u>
- 2 vejce
- Sůl a mletý černý pepř podle potřeby
- 1 hrnek suché strouhanky
- 2 lžíce olivového oleje
- 1½ libry vykostěných půlek kuřecích prsou bez kůže, rozdrcených na ¾ palce a nakrájených na kousky
- <u>Na kaparovou omáčku:</u>
- 3 lžíce kapary
- ½ šálku suchého bílého vína
- 3 lžíce čerstvé citronové šťávy
- Sůl a mletý černý pepř podle potřeby
- 2 lžíce čerstvé petrželky, nasekané

Pokyny:

Pro kuře: do mělké misky přidejte vejce, sůl a černý pepř a šlehejte, dokud se dobře nespojí. Do jiné mělké misky dejte strouhanku. Kuřecí kousky namočte do vaječné směsi a poté rovnoměrně obalte ve strouhance. Přebytečnou strouhanku setřete.

Vařte olej na středním plameni a kuřecí kousky opékejte asi 5-7 minut z každé strany nebo dokud nejsou hotové. Dírkovou lžící položte kousky kuřete na talíř vyložený papírovou utěrkou. Kuřecí kousky přikryjte kouskem alobalu, aby zůstaly teplé.

Ve stejné pánvi přidejte všechny ingredience omáčky kromě petrželky a za stálého míchání vařte asi 2-3 minuty. Vmícháme petrželku a odstavíme z ohně. Kuřecí kousky podávejte s přelivem z kaparové omáčky.

Výživa (na 100 g): 352 kalorií 13,5 g tuků 1,9 g sacharidů 1,2 g bílkovin 741 mg sodíku

Krůtí burgery s mangovou salsou

Doba přípravy: 15 minut

Čas na vaření: 10 minut

Porce: 6

Úroveň obtížnosti: Snadná

Ingredience:

- 1½ libry mletých krůtích prsou
- 1 lžička mořské soli, rozdělená
- ¼ lžičky čerstvě mletého černého pepře
- 2 lžíce extra panenského olivového oleje
- 2 manga, oloupaná, vypeckovaná a nakrájená na kostičky
- ½ červené cibule, nakrájené nadrobno
- Šťáva z 1 limetky
- 1 stroužek česneku, nasekaný
- ½ papričky jalapeño, zbavené semínek a jemně nasekané
- 2 lžíce nasekaných čerstvých lístků koriandru

Pokyny:

Krůtí prsa vytvarujte na 4 placičky a dochuťte ½ lžičky mořské soli a pepře. Vařte olivový olej na nepřilnavé pánvi, dokud se nebude třpytit. Přidejte krůtí placičky a opékejte asi 5 minut z každé strany, dokud nezhnědnou. Zatímco se placičky vaří, smíchejte v malé misce mango, červenou cibuli, limetkovou šťávu, česnek, jalapeňo, koriandr a zbývající ½ lžičky mořské soli. Na krůtí placičky nalijte salsu a podávejte.

Výživa (na 100 g): 384 kalorií 3 g tuků 27 g sacharidů 34 g bílkovin 692 mg sodíku

Krůtí prsa pečená na bylinkách

Doba přípravy: 15 minut
Čas na vaření: 1½ hodiny (plus 20 minut na odpočinek)
Porce: 6
Úroveň obtížnosti: Průměrná

Ingredience:

- 2 lžíce extra panenského olivového oleje
- 4 stroužky česneku, nasekané
- Kůra z 1 citronu
- 1 lžíce nasekaných lístků čerstvého tymiánu
- 1 lžíce nasekaných čerstvých listů rozmarýnu
- 2 lžíce nasekané čerstvé italské petrželky
- 1 lžička mleté hořčice
- 1 lžička mořské soli
- ¼ lžičky čerstvě mletého černého pepře
- 1 (6 liber) krůtí prsa s kostí a kůží
- 1 šálek suchého bílého vína

Pokyny:

Předehřejte troubu na 325 °F. Smíchejte olivový olej, česnek, citronovou kůru, tymián, rozmarýn, petržel, hořčici, mořskou sůl a pepř. Bylinkovou směsí rovnoměrně rozetřete povrch krůtí prsa, uvolněte kůži a vetřete i pod ní. Krůtí prsa vložte do pekáče na rošt kůží nahoru.

Nalijte víno do pánve. Pečte po dobu 1 až 1½ hodiny, dokud krůta nedosáhne vnitřní teploty 165 stupňů F. Před vyřezáváním vytáhněte z trouby a na 20 minut ji zakryjte hliníkovou fólií, aby byla teplá.

Výživa (na 100 g): 392 kalorií 1 g tuků 2 g sacharidů 84 g bílkovin 741 mg sodíku

Kuřecí klobása a papriky

Doba přípravy: 10 minut
Čas na vaření: 20 minut
Porce: 6
Úroveň obtížnosti: Průměrná

Ingredience:

- 2 lžíce extra panenského olivového oleje
- 6 odkazů na italské kuřecí klobásy
- 1 cibule
- 1 červená paprika
- 1 zelená paprika
- 3 stroužky česneku, nasekané
- ½ šálku suchého bílého vína
- ½ lžičky mořské soli
- ¼ lžičky čerstvě mletého černého pepře
- Štípněte vločky červené papriky

Pokyny:

Vařte olivový olej na velké pánvi, dokud se nebude třpytit. Přidejte klobásy a vařte 5 až 7 minut, občas je otočte, dokud nezhnědnou a dosáhnou vnitřní teploty 165 °F. Pomocí kleští vyjměte klobásu z pánve a dejte ji stranou na mísu, zakrytou hliníkovou fólií, aby zůstala teplá.

Vraťte pánev na oheň a vmíchejte cibuli, červenou papriku a zelenou papriku. Vařte a občas míchejte, dokud zelenina nezačne hnědnout. Vložíme česnek a za stálého míchání vaříme 30 sekund.

Vmíchejte víno, mořskou sůl, pepř a vločky červené papriky. Vytáhněte a přiklopte všechny opečené kousky ze dna pánve. Vařte za stálého míchání ještě asi 4 minuty, dokud se tekutina nezredukuje na polovinu. Papriky nasypte na párky a podávejte.

Výživa (na 100 g): 173 kalorií 1 g tuků 6 g sacharidů 22 g bílkovin 582 mg sodíku

Kuřecí Piccata

Doba přípravy: 10 minut
Čas na vaření: 15 minut
Porce: 6
Úroveň obtížnosti: Průměrná

Ingredience:

- ½ hrnku celozrnné mouky
- ½ lžičky mořské soli
- 1/8 lžičky čerstvě mletého černého pepře
- 1½ libry kuřecích prsou, nakrájených na 6 kusů
- 3 lžíce extra panenského olivového oleje
- 1 hrnek nesoleného kuřecího vývaru
- ½ šálku suchého bílého vína
- Šťáva z 1 citronu
- Kůra z 1 citronu
- ¼ šálku kapar, okapaných a opláchnutých
- ¼ šálku nasekané čerstvé petrželové natě

Pokyny:

V mělké misce prošlehejte mouku, mořskou sůl a pepř. Kuře vysypte v mouce a případný přebytek oklepejte. Vařte olivový olej, dokud se nebude třpytit.

Vložte kuře a opékejte asi 4 minuty z každé strany, dokud nezhnědne. Vytáhněte kuře z pánve a dejte stranou, zakryté hliníkovou fólií, aby zůstalo teplé.

Vraťte pánev na oheň a vmíchejte vývar, víno, citronovou šťávu, citronovou kůru a kapary. Použijte stranu naběračky a složte všechny opečené kousky ze dna pánve. Vaříme, dokud tekutina nezhoustne. Sundejte pánev z ohně a vraťte kuře zpět do pánve. Otočte se do kabátu. Vmícháme petrželku a podáváme.

Výživa (na 100 g):153 kalorií 2 g tuků 9 g sacharidů 8 g bílkovin 692 mg sodíku

Toskánské kuře na jedné pánvi

Doba přípravy: 10 minut
Čas na vaření: 25 minut
Porce: 6
Úroveň obtížnosti: Obtížná

Ingredience:

- ¼ šálku extra panenského olivového oleje, rozdělený
- 1 libra vykostěných kuřecích prsou bez kůže, nakrájená na ¾-palcové kousky
- 1 cibule, nakrájená
- 1 červená paprika, nakrájená
- 3 stroužky česneku, nasekané
- ½ šálku suchého bílého vína
- 1 (14 uncí) plechovka drcených rajčat, neodkapaných
- 1 (14 uncí) plechovka nakrájených rajčat, okapaných
- 1 (14 uncí) plechovka bílé fazole, okapané
- 1 lžíce sušeného italského koření
- ½ lžičky mořské soli
- 1/8 lžičky čerstvě mletého černého pepře
- 1/8 lžičky vloček červené papriky
- ¼ šálku nasekaných lístků čerstvé bazalky

Pokyny:

Vařte 2 lžíce olivového oleje, dokud se nebude třpytit. Vmícháme kuře a vaříme do zhnědnutí. Vyjměte kuře z pánve a dejte stranou na mísu, pokrytou hliníkovou fólií, aby zůstala teplá.

Vraťte pánev na oheň a rozehřejte zbývající olivový olej. Přidejte cibuli a červenou papriku. Vařte a míchejte zřídka, dokud zelenina nezměkne. Vložíme česnek a za stálého míchání vaříme 30 sekund.

Vmíchejte víno a boční lžící seberte všechny zhnědlé kousky ze dna pánve. Vařte 1 minutu za míchání.

Smíchejte drcená a nakrájená rajčata, bílé fazole, italské koření, mořskou sůl, pepř a vločky červené papriky. Necháme povařit. Vařte 5 minut za občasného míchání.

Dejte kuře zpět a veškerou šťávu, která se nashromáždila, na pánev. Vařte, dokud není kuře propečené. Před podáváním stáhněte z plotny a vmíchejte bazalku.

Výživa (na 100 g): 271 kalorií 8 g tuků 29 g sacharidů 14 g bílkovin 596 mg sodíku

Kuřecí Kapama

Doba přípravy: 10 minut
Doba vaření: 2 hodiny
Porce: 4
Úroveň obtížnosti: Průměrná

Ingredience:

- 1 (32 uncí) plechovka nakrájených rajčat, okapaných
- ¼ šálku suchého bílého vína
- 2 lžíce rajčatového protlaku
- 3 lžíce extra panenského olivového oleje
- ¼ lžičky vloček červené papriky
- 1 lžička mletého nového koření
- ½ lžičky sušeného oregana
- 2 celé hřebíčky
- 1 tyčinka skořice
- ½ lžičky mořské soli
- 1/8 lžičky čerstvě mletého černého pepře
- 4 půlky kuřecích prsou bez kosti a kůže

Pokyny:

Smíchejte rajčata, víno, rajčatový protlak, olivový olej, vločky červené papriky, nové koření, oregano, hřebíček, tyčinku skořice, mořskou sůl a pepř ve velkém hrnci. Za občasného míchání přiveďte k varu. Za občasného míchání nechte 30 minut provařit.

Vyjměte a vyhoďte celý hřebíček a tyčinku skořice z omáčky a nechte omáčku vychladnout.

Předehřejte troubu na 350 °F. Umístěte kuře do pekáče o rozměrech 9 x 13 palců. Omáčku nalijte na kuře a zakryjte pánev alobalem. Pokračujte v pečení, dokud nedosáhne vnitřní teploty 165 °F.

Výživa (na 100 g):220 kalorií 3 g tuků 11 g sacharidů 8 g bílkovin 923 mg sodíku

Špenát a feta – plněná kuřecí prsa

Doba přípravy: 10 minut
Čas na vaření: 45 minut
Porce: 4
Úroveň obtížnosti: Průměrná

Ingredience:

- 2 lžíce extra panenského olivového oleje
- 1 libra čerstvého baby špenátu
- 3 stroužky česneku, nasekané
- Kůra z 1 citronu
- ½ lžičky mořské soli
- 1/8 lžičky čerstvě mletého černého pepře
- ½ šálku rozdrobeného sýra feta
- 4 kuřecí prsa bez kostí a kůže

Pokyny:

Předehřejte troubu na 350 °F. Vařte olivový olej na středním plameni, dokud se nebude třpytit. Přidejte špenát. Pokračujte ve vaření a míchání, dokud nezvadne.

Vmíchejte česnek, citronovou kůru, mořskou sůl a pepř. Za stálého míchání vařte 30 sekund. Mírně vychladíme a vmícháme sýr.

Špenátovou a sýrovou směs rozprostřete v rovnoměrné vrstvě na kousky kuřete a zarolujte prsa kolem náplně. Držte zavřené párátky nebo řeznickým provázkem. Vložte prsa do zapékací misky o rozměrech 9 x 13 palců a pečte 30 až 40 minut, nebo dokud nebude mít kuře vnitřní teplotu 165 °F. Před krájením a podáváním vyndejte z trouby a na 5 minut odstavte.

Výživa (na 100 g): 263 kalorií 3 g tuků 7 g sacharidů 17 g bílkovin 639 mg sodíku

Kuřecí paličky pečené na rozmarýnu

Doba přípravy: 5 minut
Doba vaření: 1 hodina
Porce: 6
Úroveň obtížnosti: Snadná

Ingredience:

- 2 lžíce nasekaných čerstvých listů rozmarýnu
- 1 lžička česnekového prášku
- ½ lžičky mořské soli
- 1/8 lžičky čerstvě mletého černého pepře
- Kůra z 1 citronu
- 12 kuřecích paliček

Pokyny:

Předehřejte troubu na 350 °F. Smíchejte rozmarýn, česnekový prášek, mořskou sůl, pepř a citronovou kůru.

Umístěte paličky do pekáče o rozměrech 9 x 13 palců a posypte rozmarýnovou směsí. Pečte, dokud kuře nedosáhne vnitřní teploty 165 °F.

Výživa (na 100 g): 163 kalorií 1 g tuků 2 g sacharidů 26 g bílkovin 633 mg sodíku

Kuře s cibulí, bramborami, fíky a mrkví

Doba přípravy: 5 minut

Čas na vaření: 45 minut

Porce: 4

Úroveň obtížnosti: Průměrná

Ingredience:

- 2 šálky pečených brambor, rozpůlené
- 4 čerstvé fíky nakrájené na čtvrtky
- 2 mrkve, julien
- 2 lžíce extra panenského olivového oleje
- 1 lžička mořské soli, rozdělená
- ¼ lžičky čerstvě mletého černého pepře
- 4 kuřecí stehenní čtvrtky
- 2 lžíce nasekané čerstvé petrželové natě

Pokyny:

Předehřejte troubu na 425 °F. V malé misce promíchejte brambory, fíky a mrkev s olivovým olejem, ½ lžičky mořské soli a pepřem. Rozložte do zapékací misky o rozměrech 9 x 13 palců.

Kuře ochutíme zbytkem mořské soli. Umístěte jej na zeleninu. Pečte, dokud zelenina nezměkne a kuře nedosáhne vnitřní teploty 165 °F. Posypeme petrželkou a podáváme.

Výživa (na 100 g): 429 kalorií 4 g tuků 27 g sacharidů 52 g bílkovin 581 mg sodíku

Kuřecí Gyros s Tzatziki

Doba přípravy: 15 minut
Čas na vaření: 1 hodina a 20 minut
Porce: 6
Úroveň obtížnosti: Průměrná

Ingredience:

- 1 libra mletých kuřecích prsou
- 1 cibule, nastrouhaná s přebytečnou vodou vyždímaná
- 2 lžíce sušeného rozmarýnu
- 1 lžíce sušené majoránky
- 6 stroužků česneku, nasekaných
- ½ lžičky mořské soli
- ¼ lžičky čerstvě mletého černého pepře
- Tzatziki omáčka

Pokyny:

Předehřejte troubu na 350 °F. Kuřecí maso, cibuli, rozmarýn, majoránku, česnek, mořskou sůl a pepř rozmixujte v kuchyňském robotu. Míchejte, dokud směs nevytvoří pastu. Případně smíchejte tyto ingredience v misce, dokud se dobře nespojí (viz tip na přípravu).

Směs natlačíme do ošatky. Pečte, dokud nedosáhne vnitřní teploty 165 stupňů. Před krájením vyndejte z trouby a nechte 20 minut odpočinout.

Nakrájejte gyro a navrch nalijte omáčku tzatziki.

Výživa (na 100 g): 289 kalorií 1 g tuků 20 g sacharidů 50 g bílkovin 622 mg sodíku

Musaka

Doba přípravy: 10 minut
Čas na vaření: 45 minut
Porce: 8
Úroveň obtížnosti: Obtížná

Ingredience:

- 5 lžic extra panenského olivového oleje, rozdělených
- 1 lilek, nakrájený na plátky (neloupaný)
- 1 cibule, nakrájená
- 1 zelená paprika, zbavená semínek a nakrájená
- 1 libra mletá krůta
- 3 stroužky česneku, nasekané
- 2 lžíce rajčatového protlaku
- 1 (14 uncí) plechovka nakrájených rajčat, okapaných
- 1 lžíce italského koření
- 2 lžičky worcesterské omáčky
- 1 lžička sušeného oregana
- ½ lžičky mleté skořice
- 1 šálek neslazeného beztučného čistého řeckého jogurtu
- 1 vejce, rozšlehané
- ¼ lžičky čerstvě mletého černého pepře
- ¼ lžičky mletého muškátového oříšku
- ¼ šálku strouhaného parmazánu
- 2 lžíce nasekané čerstvé petrželové natě

Pokyny:

Předehřejte troubu na 400 °F. Vařte 3 lžíce olivového oleje, dokud se nebude třpytit. Přidejte plátky lilku a opékejte 3 až 4 minuty z každé strany. Přendejte na papírové ubrousky k okapání.

Vraťte pánev na oheň a zalijte zbývajícími 2 lžícemi olivového oleje. Přidejte cibuli a zelenou papriku. Pokračujte ve vaření, dokud zelenina nezměkne. Vyjměte z pánve a dejte stranou.

Vytáhněte pánev na oheň a vmíchejte krocana. Vařte asi 5 minut, rozdrobte se lžící, dokud nezhnědne. Vmíchejte česnek a za stálého míchání vařte 30 sekund.

Vmíchejte rajčatový protlak, rajčata, italské koření, worcestrovou omáčku, oregano a skořici. Vložte cibuli a papriku zpět do pánve. Vařte 5 minut za míchání. Smíchejte jogurt, vejce, pepř, muškátový oříšek a sýr.

Polovinu masové směsi rozložte do zapékací misky o rozměrech 9 x 13 palců. Navrstvěte polovinou lilku. Přidejte zbývající masovou směs a zbývající lilek. Potřete jogurtovou směsí. Pečeme dozlatova. Ozdobte petrželkou a podávejte.

Výživa (na 100 g): 338 kalorií 5 g tuků 16 g sacharidů 28 g bílkovin 569 mg sodíku

Dijon a bylinková vepřová panenka

Doba přípravy: 10 minut
Čas na vaření: 30 minut
Porce: 6
Úroveň obtížnosti: Průměrná

Ingredience:

- ½ šálku čerstvé italské petrželky, nasekané
- 3 lžíce čerstvých listů rozmarýnu, nasekaných
- 3 lžíce čerstvých lístků tymiánu, nasekaných
- 3 lžíce dijonské hořčice
- 1 lžíce extra panenského olivového oleje
- 4 stroužky česneku, nasekané
- ½ lžičky mořské soli
- ¼ lžičky čerstvě mletého černého pepře
- 1 (1½ libry) vepřové panenky

Pokyny:

Předehřejte troubu na 400 °F. Smíchejte petržel, rozmarýn, tymián, hořčici, olivový olej, česnek, mořskou sůl a pepř. Zpracujte asi 30 sekund, dokud nebude hladká. Směs rovnoměrně rozetřeme na vepřové maso a položíme na vymazaný plech.

Pečte, dokud maso nedosáhne vnitřní teploty 140 °F. Před krájením a podáváním vytáhněte z trouby a nechte 10 minut stát.

Výživa (na 100 g): 393 kalorií 3 g tuků 5 g sacharidů 74 g bílkovin 697 mg sodíku

Steak s červeným vínem – houbovou omáčkou

Čas na přípravu: minut plus 8 hodin marinování
Čas na vaření: 20 minut
Porce: 4
Úroveň obtížnosti: Obtížná

Ingredience:

- <u>Na marinádu a steak</u>
- 1 šálek suchého červeného vína
- 3 stroužky česneku, nasekané
- 2 lžíce extra panenského olivového oleje
- 1 lžíce sójové omáčky s nízkým obsahem sodíku
- 1 lžíce sušeného tymiánu
- 1 lžička dijonské hořčice
- 2 lžíce extra panenského olivového oleje
- 1 až 1½ libry steak sukně, steak z plochého železa nebo steak se třemi špičkami
- <u>Na houbovou omáčku</u>
- 2 lžíce extra panenského olivového oleje
- 1 libra cremini houby, nakrájené na čtvrtky
- ½ lžičky mořské soli
- 1 lžička sušeného tymiánu

- 1/8 lžičky čerstvě mletého černého pepře
- 2 stroužky česneku, nasekané
- 1 šálek suchého červeného vína

Pokyny:

Na přípravu marinády a steaku

V malé misce rozšlehejte víno, česnek, olivový olej, sójovou omáčku, tymián a hořčici. Nalijte do uzavíratelného sáčku a přidejte steak. Dejte steak do lednice, aby byl 4 až 8 hodin marinován. Vyjměte steak z marinády a osušte papírovou utěrkou.

Vařte olivový olej ve velké pánvi, dokud se nebude třpytit.

Umístěte steak a opékejte asi 4 minuty z každé strany, dokud na každé straně nezhnědne a steak nedosáhne vnitřní teploty 140 °F. Vyjměte steak z pánve a položte jej na talíř s hliníkovou fólií, aby zůstal teplý, zatímco budete připravovat houbovou omáčku.

Když je houbová omáčka hotová, nakrájejte steak proti srsti na ½ palce silné plátky.

Na přípravu houbové omáčky

Na stejné pánvi smažte olej na středně vysoké teplotě. Přidejte houby, mořskou sůl, tymián a pepř. Vařte asi 6 minut za velmi občasného míchání, dokud houby nezhnědnou.

Osmažte česnek. Vmíchejte víno a pomocí dřevěné lžíce vydlabejte ze dna pánve všechny zhnědlé kousky. Vařte, dokud se tekutina nezredukuje na polovinu. Houby podávejte nakrájené na steak.

Výživa (na 100 g): 405 kalorií 5 g tuků 7 g sacharidů 33 g bílkovin 842 mg sodíku

Řecké masové kuličky

Doba přípravy: 20 minut

Čas na vaření: 25 minut

Porce: 4

Úroveň obtížnosti: Průměrná

Ingredience:

- 2 plátky celozrnného chleba
- 1¼ libry mletého krůtího masa
- 1 vejce
- ¼ šálku ochucené strouhanky z celozrnného chleba
- 3 stroužky česneku, nasekané
- ¼ červené cibule, nastrouhané
- ¼ šálku nasekané čerstvé italské petrželky
- 2 lžíce nasekaných lístků čerstvé máty
- 2 lžíce nasekaných čerstvých listů oregana
- ½ lžičky mořské soli
- ¼ lžičky čerstvě mletého černého pepře

Pokyny:

Předehřejte troubu na 350 °F. Na plech položte pečicí papír nebo alobal. Nechte chléb pod vodou, aby se namočil, a vymačkejte veškerý přebytek. Mokrý chléb nakrájejte na malé kousky a vložte do střední mísy.

Přidejte krůtí maso, vejce, strouhanku, česnek, červenou cibuli, petržel, mátu, oregano, mořskou sůl a pepř. Dobře promíchejte. Ze směsi vytvarujte kuličky o velikosti ¼ šálku. Vložte masové kuličky na připravený plech a pečte asi 25 minut, nebo dokud vnitřní teplota nedosáhne 165 °F.

Výživa (na 100 g): 350 kalorií 6 g tuků 10 g sacharidů 42 g bílkovin 842 mg sodíku

Jehněčí s fazolemi

Doba přípravy: 10 minut
Doba vaření: 1 hodina
Porce: 6
Úroveň obtížnosti: Obtížná

Ingredience:

- ¼ šálku extra panenského olivového oleje, rozdělený
- 6 jehněčích kotlet zbavených přebytečného tuku
- 1 lžička mořské soli, rozdělená
- ½ lžičky čerstvě mletého černého pepře
- 2 lžíce rajčatového protlaku
- 1½ šálku horké vody
- 1 libra zelených fazolí, oříznuté a rozpůlené příčně
- 1 cibule, nakrájená
- 2 rajčata, nakrájená

Pokyny:

Vařte 2 lžíce olivového oleje na velké pánvi, dokud se nebude třpytit. Jehněčí kotletky ochutíme ½ lžičky mořské soli a 1/8 lžičky pepře. Jehněčí maso opékejte na rozpáleném oleji asi 4 minuty z každé strany, dokud z obou stran nezhnědne. Maso položte na talíř a dejte stranou.

Umístěte pánev zpět na oheň a přidejte zbývající 2 lžíce olivového oleje. Zahřívejte, dokud se nezačne třpytit.

V misce rozpustíme rajčatový protlak v horké vodě. Přidejte ji do horké pánve spolu se zelenými fazolkami, cibulí, rajčaty a zbývající ½ lžičkou mořské soli a ¼ lžičkou pepře. Přiveďte k varu a lžící stranou seškrábejte opečené kousky ze dna pánve.

Vraťte jehněčí kotlety do pánve. Nechte vařit a snižte teplotu na středně nízkou. Vařte 45 minut, dokud fazole nezměknou, podle potřeby přidejte další vodu, abyste upravili hustotu omáčky.

Výživa (na 100 g): 439 kalorií 4 g tuků 10 g sacharidů 50 g bílkovin 745 mg sodíku

Kuře v rajčatovo-balzamikové omáčce

Doba přípravy: 10 minut
Čas na vaření: 20 minut
Porce: 4
Úroveň obtížnosti: Průměrná

Ingredience

- 2 (8 oz. nebo 226,7 g každé) vykostěná kuřecí prsa, bez kůže
- ½ lžičky. sůl
- ½ lžičky. mletý pepř
- 3 polévkové lžíce. extra panenský olivový olej
- ½ c. rozpůlená cherry rajčata
- 2 polévkové lžíce. nakrájená šalotka
- ¼ c. balzámový ocet
- 1 polévková lžíce. drcený česnek
- 1 polévková lžíce. pražená semena fenyklu, drcená
- 1 polévková lžíce. máslo

Pokyny:

Kuřecí prsa nakrájejte na 4 kusy a šlehejte je paličkou, dokud nedosáhnou tloušťky ¼ palce. Na obalení kuřete použijte ¼ lžičky pepře a soli. Na pánvi rozehřejte dvě lžíce oleje a udržujte teplotu na středním plameni. Kuřecí prsa opečte z obou stran tři minuty. Umístěte na servírovací talíř a zakryjte fólií, aby zůstalo teplé.

Na pánev přidejte lžíci oleje, šalotku a rajčata a vařte, dokud nezměkne. Přidejte ocet a vařte, dokud se ocet nezredukuje na polovinu. Přidejte semínka fenyklu, česnek, sůl a pepř a vařte asi čtyři minuty. Stáhneme z plotny a promícháme s máslem. Touto omáčkou přelijeme kuře a podáváme.

Výživa (na 100 g): 294 kalorií 17 g tuků 10 g sacharidů 2 g bílkovin 639 mg sodíku

Hnědá rýže, feta, čerstvý hrášek a mátový salát

Doba přípravy: 10 minut
Čas na vaření: 25 minut
Porce: 4
Úroveň obtížnosti: Snadná

Ingredience:

- 2 c. hnědá rýže
- 3 c. voda
- Sůl
- 5 uncí nebo 141,7 g rozdrobeného sýra feta
- 2 c. vařený hrášek
- ½ c. nasekaná máta, čerstvá
- 2 polévkové lžíce. olivový olej
- Sůl a pepř

Pokyny:

Hnědou rýži, vodu a sůl dejte do hrnce na střední teplotu, přikryjte a přiveďte k varu. Snižte plamen a nechte vařit, dokud se voda nerozpustí a rýže není měkká, ale žvýkací. Nechte zcela vychladnout

Přidejte fetu, hrášek, mátu, olivový olej, sůl a pepř do salátové mísy s vychladlou rýží a promíchejte, aby se spojily Podávejte a vychutnejte si!

Výživa (na 100 g): 613 kalorií 18,2 g tuků 45 g sacharidů 12 g bílkovin 755 mg sodíku

Celozrnný chléb pita plněný olivami a cizrnou

Doba přípravy: 10 minut
Čas na vaření: 20 minut
Porce: 2
Úroveň obtížnosti: Průměrná

Ingredience:

- 2 celozrnné pita kapsy
- 2 polévkové lžíce. olivový olej
- 2 stroužky česneku, nakrájené
- 1 cibule, nakrájená
- ½ lžičky. kmín
- 10 černých oliv, nakrájených
- 2 c. vařená cizrna
- Sůl a pepř

Pokyny:

Rozřízněte pita kapsy a odložte stranou Nastavte teplotu na střední a postavte pánev na místo. Přidejte olivový olej a zahřejte. Na rozpálenou pánev smíchejte česnek, cibuli a římský kmín a míchejte, dokud cibule změkne a kmín voní. Přidejte olivy, cizrnu, sůl a pepř a vše promíchejte, dokud cizrna nezezlátne

Odstavte pánev z tepla a vařečkou cizrnu nahrubo rozmačkejte tak, aby část byla neporušená a část rozdrcená Ohřejte si pita kapsy v mikrovlnné troubě, v troubě nebo na čisté pánvi na sporáku

Naplňte je svou cizrnovou směsí a užívejte si!

Výživa (na 100 g): 503 kalorií 19 g tuků 14 g sacharidů 15,7 g bílkovin 798 mg sodíku

Pečená mrkev s vlašskými ořechy a fazolemi Cannellini

Doba přípravy: 10 minut
Čas na vaření: 45 minut
Porce: 4
Úroveň obtížnosti: Průměrná

Ingredience:

- 4 oloupané mrkve, nakrájené
- 1 c. vlašské ořechy
- 1 polévková lžíce. Miláček
- 2 polévkové lžíce. olivový olej
- 2 c. konzervované fazole cannellini, okapané
- 1 snítka čerstvého tymiánu
- Sůl a pepř

Pokyny:

Nastavte troubu na 400 F/204 C a vyložte plech nebo pekáč pečicím papírem Na vyložený plech nebo pánev položte mrkev a vlašské ořechy Mrkev a vlašské ořechy potřete olivovým olejem a medem a vše potřete, abyste měli jistotu, že každý kousek je obalená Nasypte fazole na tác a vložte je do mrkve a vlašských ořechů

Přidejte tymián a vše posypte solí a pepřem Vložte plech do trouby a pečte asi 40 minut.

Podávejte a užívejte si

Výživa (na 100 g):385 kalorií 27 g tuků 6 g sacharidů 18 g bílkovin 859 mg sodíku

Kořeněné kuře na másle

Doba přípravy: 10 minut

Čas na vaření: 25 minut

Porce: 4

Úroveň obtížnosti: Průměrná

Ingredience:

- ½ c. Těžká smetana ke šlehání
- 1 polévková lžíce. Sůl
- ½ c. Vývar z kostí
- 1 polévková lžíce. Pepř
- 4 polévkové lžíce. Máslo
- 4 půlky kuřecích prsou

Pokyny:

Umístěte pánev na troubu na střední teplotu a přidejte jednu lžíci másla. Jakmile je máslo teplé a rozpuštěné, vložte kuře a opékejte pět minut na každé straně. Na konci této doby by mělo být kuře propečené a zlaté; pokud je, pokračujte a položte to na talíř.

Dále do teplé pánve přidáte vývar z kostí. Přidejte hustou smetanu ke šlehání, sůl a pepř. Poté nechte pánev v klidu, dokud se vaše omáčka nezačne vařit. Nechte tento proces probíhat pět minut, aby omáčka zhoustla.

Nakonec přidáte zbytek másla a kuře zpět do pánve. Ujistěte se, že pomocí lžíce umístíte omáčku na kuře a zcela ji udusíte. Sloužit

Výživa (na 100 g): 350 kalorií 25 g tuků 10 g sacharidů 25 g bílkovin 869 mg sodíku

Dvojité sýrové slaninové kuře

Doba přípravy: 10 minut

Čas na vaření: 30 minut

Porce: 4

Úroveň obtížnosti: Snadná

Ingredience:

- 4 unce. nebo 113 g. Tavený sýr
- 1 c. Čedar
- 8 proužků slaniny
- Mořská sůl
- Pepř
- 2 stroužky česneku, jemně nasekané
- Kuřecí prso
- 1 polévková lžíce. Slanina tuk nebo máslo

Pokyny:

Připravte troubu na 400 F/204 C Kuřecí prsa rozkrojte napůl, aby byla tenká

Dochuťte solí, pepřem a česnekem Vymažte pekáč máslem a vložte do něj kuřecí prsa. Navrch prsou přidejte smetanový sýr a čedar

Přidejte také plátky slaniny Vložte pánev do trouby na 30 minut Podávejte horké

Výživa (na 100 g): 610 kalorií 32 g tuků 3 g sacharidů 38 g bílkovin 759 mg sodíku

Krevety s citronem a pepřem

Doba přípravy: 10 minut

Čas na vaření: 10 minut

Porce: 4

Úroveň obtížnosti: Snadná

Ingredience:

- 40 vyloupaných krevet, oloupaných
- 6 nasekaných stroužků česneku
- Sůl a černý pepř
- 3 polévkové lžíce. olivový olej
- ¼ lžičky sladká paprika
- Špetka drcené vločky červené papriky
- ¼ lžičky strouhaná citronová kůra
- 3 polévkové lžíce. Sherry nebo jiné víno
- 1½ lžíce. nakrájená pažitka
- Šťáva z 1 citronu

Pokyny:

Nastavte teplotu na středně vysokou a postavte na místo pánev.

Přidejte olej a krevety, posypte pepřem a solí a 1 minutu povařte.

Přidejte papriku, česnek a vločky pepře, promíchejte a 1 minutu povařte. Jemně vmíchejte sherry a nechte ještě minutu vařit

Krevety stáhněte z ohně, přidejte pažitku a citronovou kůru, zamíchejte a přendejte krevety na talíře. Vše přidáme citronovou šťávou a podáváme

Výživa (na 100 g):140 kalorií 1 g tuků 5 g sacharidů 18 g bílkovin 694 mg sodíku

Pečený a kořeněný halibut

Doba přípravy: 5 minut

Čas na vaření: 25 minut

Porce: 4

Úroveň obtížnosti: Snadná

Ingredience:

- ¼ c. nakrájenou čerstvou pažitku
- ¼ c. nasekaný čerstvý kopr
- ¼ lžičky mletý černý pepř
- ¾ c. panko strouhanka
- 1 polévková lžíce. extra panenský olivový olej
- 1 lžička jemně nastrouhaná citronová kůra
- 1 lžička mořská sůl
- 1/3 c. nasekanou čerstvou petrželkou
- 4 filety z halibuta (6 uncí nebo 170 g každý).

Pokyny:

Ve střední misce smíchejte olivový olej a ostatní ingredience kromě filetů halibuta a strouhanky

Do směsi vložte filety halibuta a marinujte 30 minut Předehřejte troubu na 400 F/204 C Umístěte alobal na plech, vymažte sprejem na vaření Filety namočte do strouhanky a vložte na plech Pečte v troubě 20 minut Podávejte horké

Výživa (na 100 g): 667 kalorií 24,5 g tuků 2 g sacharidů 54,8 g bílkovin 756 mg sodíku

Kari losos s hořčicí

Doba přípravy: 10 minut
Čas na vaření: 20 minut
Porce: 4
Úroveň obtížnosti: Snadná

Ingredience:

- ¼ lžičky mletá červená paprika nebo chilli prášek
- ¼ lžičky kurkuma, mletá
- ¼ lžičky sůl
- 1 lžička Miláček
- ¼ lžičky česnekový prášek
- 2 lžičky. celozrnná hořčice
- 4 filety z lososa (6 uncí nebo 170 g každý).

Pokyny:

V misce smíchejte hořčici a ostatní ingredience kromě lososa Předehřejte troubu na 350 F/176 C Vymažte zapékací mísu sprejem na vaření. Lososa položte na zapékací mísu kůží dolů a na filety rovnoměrně potřete hořčičnou směsí Vložte do trouby a pečte 10-15 minut nebo dokud nebudou vločky

Výživa (na 100 g):324 kalorií 18,9 g tuků 1,3 g sacharidů 34 g bílkovin 593 mg sodíku

Losos v krustě z vlašských ořechů a rozmarýnu

Doba přípravy: 10 minut
Čas na vaření: 25 minut
Porce: 4
Úroveň obtížnosti: Průměrná

Ingredience:

- 1 lb. nebo 450 g. mražený filet z lososa bez kůže
- 2 lžičky. dijonská hořčice
- 1 stroužek česneku, nasekaný
- ¼ lžičky citrónová kůra
- ½ lžičky. Miláček
- ½ lžičky. kóšer sůl
- 1 lžička čerstvě nasekaný rozmarýn
- 3 polévkové lžíce. panko strouhanka
- ¼ lžičky drcená červená paprika
- 3 polévkové lžíce. nasekané vlašské ořechy
- 2 lžičky extra panenský olivový olej

Pokyny:

Připravte si troubu na 420 F/215 C a pečicím papírem vyložte pečicí papír s okrajem. V misce smíchejte hořčici, citronovou kůru, česnek, citronovou šťávu, med, rozmarýn, drcenou červenou papriku a sůl. V jiné misce smíchejte vlašský ořech, panko a 1 lžičku oleje Na plech položte pečicí papír a položte na něj lososa

Rybu potřeme hořčičnou směsí a navrch dáme panko směs. Na lososa lehce nastříkejte zbytek olivového oleje. Pečte asi 10-12 minut nebo dokud se losos neoddělí vidličkou. Podávejte horké

Výživa (na 100 g):222 kalorií 12 g tuků 4 g sacharidů 0,8 g bílkovin 812 mg sodíku

Rychlé rajčatové špagety

Doba přípravy: 10 minut
Čas na vaření: 25 minut
Porce: 4
Úroveň obtížnosti: Průměrná

Ingredience:

- 8 uncí. nebo 226,7 g špaget
- 3 polévkové lžíce. olivový olej
- 4 stroužky česneku, nakrájené na plátky
- 1 jalapeno, nakrájené na plátky
- 2 c. cherry rajčata
- Sůl a pepř
- 1 lžička balzámový ocet
- ½ c. Parmazán, strouhaný

Pokyny:

Vařte velký hrnec s vodou na středním plameni. Přidejte špetku soli a přiveďte k varu a poté přidejte špagety. Nechte vařit 8 minut. Zatímco se těstoviny vaří, rozehřejte na pánvi olej a přidejte česnek a jalapeno. Vařte ještě 1 minutu a poté vmíchejte rajčata, pepř a sůl.

Vařte 5-7 minut, dokud slupky rajčat nepraskou.

Přidejte ocet a odstraňte plamen. Špagety dobře sceďte a smíchejte s rajčatovou omáčkou. Posypeme sýrem a ihned podáváme.

Výživa (na 100 g): 298 kalorií 13,5 g tuků 10,5 g sacharidů 8 g bílkovin 749 mg sodíku

Pečený sýr s chilli oreganem

Doba přípravy: 10 minut
Čas na vaření: 25 minut
Porce: 4
Úroveň obtížnosti: Snadná

Ingredience:

- 8 uncí. nebo 226,7 g sýra feta
- 4 unce. nebo 113 g mozzarelly, rozdrobené
- 1 nakrájená chilli paprička
- 1 lžička sušené oregáno
- 2 polévkové lžíce. olivový olej

Pokyny:

Vložte sýr feta do malého hlubokého pekáče. Navrch dejte mozzarellu a dochuťte plátky papriky a oreganem. přikryjte pánev poklicí. Pečte v předehřáté troubě na 350 F/176 C po dobu 20 minut. Podávejte sýr a vychutnejte si ho.

Výživa (na 100 g):292 kalorií 24,2 g tuků 5,7 g sacharidů 2 g bílkovin 733 mg sodíku

311. Křupavé italské kuře

Doba přípravy: 10 minut
Čas na vaření: 30 minut
Porce: 4
Úroveň obtížnosti: Snadná

Ingredience:

- 4 kuřecí stehýnka
- 1 lžička sušená bazalka
- 1 lžička sušené oregáno
- Sůl a pepř
- 3 polévkové lžíce. olivový olej
- 1 polévková lžíce. balzámový ocet

Pokyny:

Kuře dobře okořeníme bazalkou a oreganem. Pomocí pánve přidejte olej a zahřejte. Do rozpáleného oleje vložíme kuře. Nechte každou stranu opékat 5 minut dozlatova a poté pánev přikryjte pokličkou.

Nastavte teplotu na střední a vařte 10 minut na jedné straně, pak kuře opakovaně otočte a vařte dalších 10 minut, dokud nebude křupavé. Podávejte kuře a užívejte si.

Výživa (na 100 g): 262 kalorií 13,9 g tuků 11 g sacharidů 32,6 g bílkovin 693 mg sodíku

Quinoa pizza muffiny

Doba přípravy: 15 minut

Čas na vaření: 30 minut

Porce: 4

Úroveň obtížnosti: Snadná

Ingredience:

- 1 šálek nevařené quinoa
- 2 velká vejce
- ½ střední cibule, nakrájená na kostičky
- 1 šálek nakrájené papriky
- 1 šálek strouhaného sýra mozzarella
- 1 lžíce sušené bazalky
- 1 lžíce sušeného oregana
- 2 lžičky česnekového prášku
- 1/8 lžičky soli
- 1 lžička drcené červené papriky
- ½ šálku pečené červené papriky, nakrájené*
- Pizza omáčka, asi 1-2 šálky

Pokyny:

Předehřejte troubu na 350oF. Quinou uvaříme podle návodu. Smíchejte všechny ingredience (kromě omáčky) do mísy. Všechny ingredience dobře promíchejte.

Směs quinoa na pizzu rovnoměrně naberte do formy na muffiny. Udělá 12 muffinů. Pečte 30 minut, dokud muffiny nezezlátnou a okraje nebudou křupavé.

Doplňte 1 nebo 2 lžícemi pizzové omáčky a užívejte si!

Výživa (na 100 g): 303 kalorií 6,1 g tuků 41,3 g sacharidů 21 g bílkovin 694 mg sodíku

Rozmarýno-ořechový chléb

Doba přípravy: 5 minut

Čas na vaření: 45 minut

Porce: 8

Úroveň obtížnosti: Obtížná

Ingredience:

- ½ šálku nasekaných vlašských ořechů
- 4 lžíce čerstvého, nasekaného rozmarýnu
- 1 1/3 šálku vlažné sycené vody
- 1 lžíce medu
- ½ šálku extra panenského olivového oleje
- 1 lžička jablečného octa
- 3 vejce
- 5 lžic instantních granulí suchého droždí
- 1 lžička soli
- 1 lžíce xanthanové gumy
- ¼ šálku sušeného podmáslí
- 1 hrnek bílé rýžové mouky
- 1 šálek tapiokového škrobu
- 1 šálek marantového škrobu
- 1 ¼ šálku univerzální bezlepkové mouky Bob's Red Mill

Pokyny:

Ve velké míse dobře rozšlehejte vejce. Přidejte 1 šálek teplé vody, med, olivový olej a ocet.

Za stálého šlehání vmíchejte zbytek ingrediencí kromě rozmarýnu a vlašských ořechů.

Pokračujte v bití. Pokud je těsto příliš tuhé, vmíchejte trochu teplé vody. Těsto by mělo být chlupaté a husté.

Poté přidejte rozmarýn a vlašské ořechy pokračujte v hnětení, dokud nejsou rovnoměrně rozloženy.

Mísu s těstem přikryjte čistou utěrkou, dejte na teplé místo a nechte 30 minut kynout.

Po patnácti minutách kynutí předehřejte troubu na 400°F.

Holandskou troubu o objemu 2 litry namažte olivovým olejem a předehřejte ji uvnitř bez víka.

Jakmile těsto vykyne, vyjměte hrnec z trouby a vložte těsto dovnitř. Vlhkou stěrkou rovnoměrně rozprostřete vršek těsta v hrnci.

Vršek chleba potřete 2 lžícemi olivového oleje, zakryjte holandskou troubu a pečte 35 až 45 minut. Jakmile je chléb hotový, vyjměte ho z trouby. A opatrně vyjměte chleba z hrnce. Před krájením nechte chleba vychladnout alespoň deset minut. Podávejte a užívejte si.

Výživa (na 100 g): 424 kalorií 19 g tuků 56,8 g sacharidů 7 g bílkovin 844 mg sodíku

Chutné Crabby Panini

Doba přípravy: 5 minut

Čas na vaření: 10 minut

Porce: 4

Úroveň obtížnosti: Snadná

Ingredience:

- 1 lžíce olivového oleje
- Francouzský chléb rozdělený a nakrájený diagonálně
- 1 lb. krab krevety
- ½ šálku celeru
- ¼ šálku nakrájené zelené cibule
- 1 lžička worcesterské omáčky
- 1 lžička citronové šťávy
- 1 lžíce dijonské hořčice
- ½ šálku světlé majonézy

Pokyny:

Ve střední misce důkladně promíchejte: celer, cibuli, worcester, citronovou šťávu, hořčici a majonézu. Dochutíme pepřem a solí. Poté jemně přidejte mandle a kraby.

Nakrájené strany chleba potřete olivovým olejem a potřete krabí směsí, než přikryjete dalším plátkem chleba.

Sendvič grilujte v lisu na Panini, dokud chléb není křupavý a rýhovaný.

Výživa (na 100 g): 248 kalorií 10,9 g tuků 12 g sacharidů 24,5 g bílkovin 845 mg sodíku

Perfektní pizza a pečivo

Doba přípravy: 35 minut

Čas na vaření: 15 minut

Počet porcí: 10

Úroveň obtížnosti: Obtížná

Ingredience:

- Na těsto na pizzu:
- 2 lžičky medu
- 1/4-oz. aktivní suché droždí
- 11/4 šálku teplé vody (asi 120 °F)
- 2 lžíce olivového oleje
- 1 lžička mořské soli
- 3 hrnky celozrnné mouky + 1/4 hrnku, dle potřeby na vále
- Na polevu pizzy:
- 1 hrnek pesto omáčky
- 1 šálek artyčokových srdíček
- 1 šálek zvadlých listů špenátu
- 1 hrnek sušených rajčat
- 1/2 šálku oliv Kalamata
- 4 unce. sýr feta
- 4 unce. smíšený sýr ze stejných dílů nízkotučné mozzarelly, asiago a provolonu Olivový olej
- Volitelné doplňky toppingu:

- Paprika
- Kuřecí prsa, nudličky Čerstvá bazalka
- piniové oříšky

Pokyny:

Na těsto na pizzu:

Předehřejte troubu na 350 °F.

V kuchyňském robotu s nástavcem na těsto rozmíchejte med a droždí s teplou vodou. Směs míchejte, dokud se zcela nespojí. Směs necháme 5 minut odležet, aby se zajistila aktivita kvasinek díky bublinkám na povrchu.

Nalijte olivový olej. Přidejte sůl a míchejte půl minuty. Postupně přidejte 3 šálky mouky, asi půl šálku najednou, a mezi každým přidáním několik minut míchejte.

Nechte robot hníst směs po dobu 10 minut, dokud nebude hladká a pružná, a kdykoli je to nutné, posypte ji moukou, aby se těsto nelepilo na povrch mísy procesoru.

Vyjměte těsto z mísy. Nechte 15 minut stát přikryté vlhkým teplým ručníkem.

Těsto vyválejte na tloušťku půl centimetru, podle potřeby poprašte moukou. Vidličkou do těsta bez rozdílu propíchněte otvory, aby kůrka nebublala.

Děrované, vyválené těsto položte na pizza kámen nebo plech. Pečte 5 minut.

Na polevu pizzy:

Upečený obal od pizzy lehce potřete olivovým olejem.

Přelijte omáčkou pesto a důkladně rozetřete po povrchu skořápky pizzy, přičemž po jejím okraji vynechejte půlcentimetrový prostor jako kůrku.

Pizzu obložte artyčokovými srdíčky, zvadlými listy špenátu, sušenými rajčaty a olivami. (Navrch přidejte další doplňky, jak chcete.) Vršek přikryjte sýrem.

Vložte pizzu přímo na rošt trouby. Pečte 10 minut, dokud sýr nebude bublat a roztékat se od středu ke konci. Před krájením nechte pizzu 5 minut vychladnout.

Výživa (na 100 g): 242,8 kalorií 15,1 g tuků 15,7 g sacharidů 14,1 g bílkovin 942 mg sodíku

Středomořská modelka Margherita

Doba přípravy: 15 minut

Čas na vaření: 15 minut

Počet porcí: 10

Úroveň obtížnosti: Obtížná

Ingredience:

- 1-dávková skořápka na pizzu
- 2 lžíce olivového oleje
- 1/2 hrnku drcených rajčat
- 3-romská rajčata, nakrájená na 1/4 palce tlustá
- 1/2 šálku čerstvých lístků bazalky, nakrájených na tenké plátky
- 6-oz. blok mozzarelly, nakrájený na 1/4-palcové plátky, osušte papírovou utěrkou
- 1/2 lžičky mořské soli

Pokyny:

Předehřejte troubu na 450 °F.

Skořápku pizzy lehce potřete olivovým olejem. Důkladně rozložte drcená rajčata přes skořápku pizzy a ponechejte na jejím okraji půlpalcový prostor jako kůrku.

Pizzu položte na plátky romských rajčat, lístky bazalky a plátky mozzarelly. Posypte pizzu solí.

Pizzu přendejte přímo na rošt trouby. Pečte, dokud se sýr nerozpustí od středu ke kůrce. Před krájením dejte stranou.

Výživa (na 100 g): 251 kalorií 8 g tuků 34 g sacharidů 9 g bílkovin 844 mg sodíku

Přenosné balené piknikové kusy

Doba přípravy: 5 minut

Čas na vaření: 0 minut

Porce: 1

Úroveň obtížnosti: Snadná

Ingredience:

- 1 plátek celozrnného chleba, nakrájený na kousky
- 10 ks cherry rajčat
- 1/4-oz. vyzrálý sýr, nakrájený na plátky
- 6 ks oliv konzervovaných olejem

Pokyny:

Zabalte každou z ingrediencí do přenosné nádoby, která vám bude sloužit při občerstvení na cestách.

Výživa (na 100 g): 197 kalorií 9 g tuků 22 g sacharidů 7 g bílkovin 499 mg sodíku

Frittata plněná pikantní cuketou a rajčatovou polevou

Doba přípravy: 10 minut

Čas na vaření: 15 minut

Porce: 4

Úroveň obtížnosti: Snadná

Ingredience:

- 8 ks vajec
- 1/4 lžičky červené papriky, drcené
- 1/4 lžičky soli
- 1 lžíce olivového oleje
- 1 ks malé cukety, podélně nakrájené na tenké plátky
- 1/2 šálku červených nebo žlutých cherry rajčat, rozpůlených
- 1/3 hrnku vlašských ořechů, hrubě nasekaných
- 2-oz. čerstvé kuličky mozzarelly na skus (bocconcini)

Pokyny:

Předehřejte svého brojlera. Mezitím si ve středně velké misce rozšlehejte vejce, drcenou červenou papriku a sůl. Dát stranou.

V 10palcové pánvi odolné proti brojlerům na středně vysoké teplotě zahřejte olivový olej. Plátky cukety rozložte do rovnoměrné vrstvy na dno pánve. Vařte 3 minuty, jednou je v polovině otočte.

Cuketovou vrstvu poklademe cherry rajčátky. Vaječnou směsí naplňte zeleninu na pánvi. Navrch dejte vlašské ořechy a kuličky mozzarelly.

Přepněte na střední teplotu. Vařte, dokud nezačnou strany tuhnout. Pomocí špachtle zvedněte frittatu, aby pod ní stékaly neuvařené části vaječné směsi.

Umístěte pánev na brojler. Grilujte frittatu 4 palce od ohně po dobu 5 minut, dokud není vršek ztuhlý. Chcete-li podávat, nakrájejte frittatu na měsíčky.

Výživa (na 100 g): 284 kalorií 14 g tuků 4 g sacharidů 17 g bílkovin 788 mg sodíku

Banánový chléb ze zakysané smetany

Doba přípravy: 10 minut

Čas na vaření: 1 hodina 10 minut

Počet porcí: 32

Úroveň obtížnosti: Průměrná

Ingredience:

- Bílý cukr (0,25 hrnku)
- Skořice (1 lžička + 2 lžičky)
- máslo (0,75)
- Bílý cukr (3 šálky)
- Vejce (3)
- Velmi zralé banány, rozmačkané (6)
- Zakysaná smetana (nádoba 16 uncí)
- vanilkový extrakt (2 lžičky)
- Sůl (0,5 lžičky)
- Jedlá soda (3 lžičky)
- Univerzální mouka (4,5 šálků)
- Volitelné: Nasekané vlašské ořechy (1 šálek)
- Potřebné také: 4 - 7 x 3 palcové chlebové formy

Pokyny:

Nastavte troubu na 300 °Fahrenheita. Vymažte pekáče tukem.

Cukr a jednu lžičku skořice prosejeme. Směsí vysypeme pánev.

Máslo utřeme se zbytkem cukru. Banány rozmačkejte s vejci, skořicí, vanilkou, zakysanou smetanou, solí, jedlou sodou a moukou. Jako poslední vhoďte ořechy.

Nalijte směs do pánví. Pečte jednu hodinu. Sloužit

Výživa (na 100 g): 263 kalorií 10,4 g tuků 9 g sacharidů 3,7 g bílkovin 633 mg sodíku

Domácí pita chléb

Doba přípravy: 15 minut

Čas na vaření: 5 hodin (včetně doby kynutí)

Porce: 7

Úroveň obtížnosti: Obtížná

Ingredience:

- Sušené droždí (0,25 oz.)
- Cukr (0,5 lžičky)
- Chlebová mouka /směs univerzální a celozrnné pšenice (2,5 hrnku + více na posypání)
- Sůl (0,5 lžičky)
- Voda (0,25 šálku nebo podle potřeby)
- Olej dle potřeby

Pokyny:

V malé mixovací nádobě rozpusťte droždí a cukr ve ¼ šálku vlažné vody. Počkejte asi 15 minut (připraveno, až zpění).

Do jiné nádoby prosejeme mouku a sůl. Uprostřed udělejte důlek a přidejte kvasnicovou směs (+) jeden šálek vody. Uhněteme těsto.

Položte na lehce pomoučněnou plochu a prohněťte.

Na dno velké mísy dejte kapku oleje a těsto v ní válejte, aby pokrylo povrch.

Na nádobu s těstem položte navlhčenou utěrku. Zabalte misku vlhkou utěrkou a umístěte ji na teplé místo alespoň na dvě hodiny nebo přes noc. (Těsto zdvojnásobí svůj objem).

Těsto protlačíme a chléb prohněteme a rozdělíme na malé kuličky. Zploštěte kuličky na tlusté oválné kotouče.

Oprašte utěrku moukou a položte na ně oválné kotouče, ponechte mezi nimi dostatek místa, aby se roztáhly. Zaprášíme moukou a navrch položíme další čistou utěrku. Necháme ještě jednu až dvě hodiny kynout.

Nastavte troubu na 425 ° Fahrenheita. Do trouby vložte několik pečicích plechů, aby se krátce zahřály. Vyhřáté plechy lehce potřete olejem a položte na ně oválné kolečka chleba.

Oválky lehce pokropte vodou a pečte, dokud lehce nezhnědnou nebo šest až osm minut.

Podávejte je, dokud jsou teplé. Umístěte chléb na mřížku a zabalte je do čisté suché látky, aby zůstaly měkké na později.

Výživa (na 100 g): 210 kalorií 4 g tuků 6 g sacharidů 6 g bílkovin 881 mg sodíku

Flatbread sendviče

Doba přípravy: 10 minut
Čas na vaření: 20 minut
Porce: 6
Úroveň obtížnosti: Snadná

Ingredience:

- Olivový olej (1 polévková lžíce)
- 7zrnný pilaf (8,5 oz. bal.)
- Anglická okurka bez pecek (1 šálek)
- Nasazená rajčata (1 šálek)
- Rozdrobený sýr feta (0,25 šálku)
- Čerstvá citronová šťáva (2 polévkové lžíce)
- Čerstvě namletý černý pepř (0,25 lžičky)
- Obyčejný hummus (nádoba 7 uncí)
- Celozrnné bílé chlebové zábaly (3 @ 2,8 oz. každý)

Pokyny:

Pilaf uvařte podle návodu na obalu a ochlaďte.

Nakrájejte a smíchejte rajče, okurku, sýr, olej, papriku a citronovou šťávu. Složte pilaf.

Připravte si zábaly s hummusem na jedné straně. Lžící vložte pilaf a složte.

Nakrájejte na sendvič a podávejte.

Výživa (na 100 g): 310 kalorií 9 g tuků 8 g sacharidů 10 g bílkovin 745 mg sodíku

Mezze talíř s opečeným chlebem Zaatar pita

Doba přípravy: 10 minut
Čas na vaření: 10 minut
Porce: 4
Úroveň obtížnosti: Průměrná

Ingredience:

- Celozrnná pita kola (4)
- Olivový olej (4 lžíce)
- Zaatar (4 lžičky)
- řecký jogurt (1 šálek)
- Černý pepř a košer sůl (dle vaší chuti)
- Hummus (1 šálek)
- Marinovaná artyčoková srdce (1 šálek)
- Různé olivy (2 šálky)
- Plátky pečené červené papriky (1 šálek)
- Cherry rajčata (2 šálky)
- salám (4 oz.)

Pokyny:

Pro zahřátí velké pánve použijte středně vysokou teplotu.

Pita chléb z každé strany lehce namažte olejem a přidejte zaatar na dochucení.

Připravte v dávkách přidáním pita do pánve a opékáním, dokud nezhnědne. Mělo by to trvat asi dvě minuty na každé straně. Každou pitas nakrájejte na čtvrtiny.

Jogurt dochutíme pepřem a solí.

Chcete-li sestavit, rozdělte brambory a přidejte hummus, jogurt, artyčoková srdce, olivy, červenou papriku, rajčata a salám.

Výživa (na 100 g): 731 kalorií 48 g tuků 10 g sacharidů 26 g bílkovin 632 mg sodíku

Mini kuřecí shawarma

Doba přípravy: 10 minut
Čas na vaření: 1 hodina 15 minut
Porce: 8
Úroveň obtížnosti: Snadná

Ingredience:

- <u>Kuře:</u>
- Kuřecí plátky (1 lb.)
- Olivový olej (0,25 hrnku)
- Citron - kůra a šťáva (1)
- Kmín (1 lžička)
- česnekový prášek (2 lžičky)
- Uzená paprika (0,5 lžičky)
- Koriandr (0,75 lžičky)
- Čerstvě mletý černý pepř (1 lžička)
- <u>Omáčka:</u>
- Řecký jogurt (1,25 šálků)
- Citronová šťáva (1 polévková lžíce)
- strouhaný stroužek česneku (1)
- Čerstvě nasekaný kopr (2 polévkové lžíce)
- černý pepř (0,125 lžičky/podle chuti)
- Kosher sůl (dle přání)
- Nasekaná čerstvá petrželka (0,25 hrnku)
- Červená cibule (půlka z 1)

- Římský salát (4 listy)
- anglická okurka (půlka z 1)
- Rajčata (2)
- Mini pita chléb (16)

Pokyny:

Kuře vhoďte do sáčku na zip. Kuřecí fixy rozšleháme a přidáme do sáčku, kde je až hodinu marinujeme.

Připravte omáčku smícháním šťávy, česneku a jogurtu v mixovací nádobě. Vmícháme kopr, petržel, pepř a sůl. Dejte do lednice.

Rozpalte pánev na střední teplotu. Kuře přendáme z marinády (přebytek necháme okapat).

Vařte, dokud nebude důkladně uvařená nebo asi čtyři minuty z každé strany. Nakrájejte ho na proužky velikosti sousta.

Okurku a cibuli nakrájíme na tenké plátky. Nakrájejte hlávkový salát a nakrájejte rajčata. Složte a přidejte k pitas - kuře, salát, cibuli, rajčata a okurku.

Výživa (na 100 g): 216 kalorií 16 g tuků 9 g sacharidů 9 g bílkovin 745 mg sodíku

Lilek pizza

Doba přípravy: 10 minut
Čas na vaření: 30 minut
Porce: 6
Úroveň obtížnosti: Průměrná

Ingredience:

- Lilek (1 velký nebo 2 střední)
- Olivový olej (0,33 hrnku)
- Černý pepř a sůl (dle chuti)
- Marinara omáčka - koupená v obchodě/domácí (1,25 šálků)
- strouhaný sýr mozzarella (1,5 šálku)
- Cherry rajčata (2 šálky - půlené)
- natrhané lístky bazalky (0,5 šálku)

Pokyny:

Zahřejte troubu na 400 ° Fahrenheita. Připravte si plech s vrstvou pečícího papíru.

Odřízněte konec/konce lilku a rozkrojte je na ¾-palcové plátky. Plátky rozložíme na připravený plech a potřeme z obou stran olivovým olejem. Popráším pepřem a solí dle libosti.

Opečte lilek do měkka (10 až 12 minut).

Vysuňte plech z trouby a na každou část přidejte dvě lžíce omáčky. Navrch dejte mozzarellu a tři až pět kousků rajčat.

Pečeme, dokud se sýr nerozpustí. Rajčata by měla začít puchýřovat asi za pět až sedm minut.

Vyjměte plech z trouby. Podávejte a ozdobte bazalkou.

Výživa (na 100 g): 257 kalorií 20 g tuků 11 g sacharidů 8 g bílkovin 789 mg sodíku

Středomořská celozrnná pizza

Doba přípravy: 10 minut

Čas na vaření: 25 minut

Porce: 4

Úroveň obtížnosti: Snadná

Ingredience:

- Celozrnná pizza kůrka (1)
- Bazalkové pesto (4 oz. sklenice)
- Artyčokové srdce (0,5 šálku)
- olivy Kalamata (2 polévkové lžíce)
- Pepperoncini (2 polévkové lžíce okapané)
- sýr feta (0,25 hrnku)

Pokyny:

Naprogramujte troubu na 450° Fahrenheita.

Sceďte a natrhejte artyčoky na kousky. Feferoncini a olivy nakrájejte/nasekejte.

Těsto na pizzu rozložte na pomoučněnou pracovní plochu a zakryjte ji pestem. Na pizzu položte artyčok, plátky feferonky a olivy. Nakonec rozdrobte a přidejte fetu.

Pečte 10-12 minut. Sloužit.

Výživa (na 100 g): 277 kalorií 18,6 g tuků 8 g sacharidů 9,7 g bílkovin 841 mg sodíku

Pečený špenát a feta pita

Doba přípravy: 5 minut
Čas na vaření: 22 minut
Porce: 6
Úroveň obtížnosti: Obtížná

Ingredience:

- Pesto ze sušených rajčat (6 oz. vana)
- Roma - švestková rajčata (2 nakrájená)
- Celozrnný pita chléb (šest 6 palců)
- Špenát (1 svazek)
- Houby (4 plátky)
- Strouhaný parmazán (2 lžíce)
- Rozdrobený sýr feta (0,5 šálku)
- Olivový olej (3 lžíce)
- Černý pepř (dle přání)

Pokyny:

Nastavte troubu na 350 ° Fahrenheita.

Potřete pestem jednu stranu každého pita chleba a položte je na plech (stranou pesta nahoru).

Špenát opláchněte a nakrájejte. Navrch pitas dejte špenát, žampiony, rajčata, feta sýr, pepř, parmazán, pepř a kápněte olejem.

Pečte ve vyhřáté troubě, dokud není pita chléb křupavý (12 min.). Nakrájejte pitas na čtvrtiny.

Výživa (na 100 g): 350 kalorií 17,1 g tuků 9 g sacharidů 11,6 g bílkovin 712 mg sodíku

Vodní meloun Feta & Balsamico Pizza

Doba přípravy: 10 minut
Čas na vaření: 15 minut
Porce: 4
Úroveň obtížnosti: Snadná

Ingredience:

- Meloun (1 palec silný od středu)
- Rozdrobený sýr feta (1 oz.)
- Plátky oliv Kalamata (5-6)
- lístky máty (1 lžička)
- Balsamico glazura (0,5 polévkové lžíce)

Pokyny:

Rozkrojte nejširší část melounu na polovinu. Poté každou polovinu nakrájejte na čtyři klínky.

Podávejte na kulaté koláčové misce jako kulatou pizzu a posypte olivami, sýrem, lístky máty a polevou.

Výživa (na 100 g): 90 kalorií 3 g tuků 4 g sacharidů 2 g bílkovin 761 mg sodíku

Burgery se směsí koření

Doba přípravy: 10 minut

Čas na vaření: 30 minut

Porce: 6

Úroveň obtížnosti: Průměrná

Ingredience:

- střední cibule (1)
- Čerstvá petrželka (3 lžíce)
- stroužek česneku (1)
- Mleté nové koření (0,75 lžičky)
- Pepř (0,75 lžičky)
- Mletý muškátový oříšek (0,25 lžičky)
- Skořice (0,5 lžičky)
- Sůl (0,5 lžičky)
- Čerstvá máta (2 polévkové lžíce)
- 90 % libového mletého hovězího masa (1,5 lb.)
- Volitelně: Studená omáčka Tzatziki

Pokyny:

Petržel, mátu, česnek a cibuli nasekejte/nasekejte najemno.

Rozšlehejte muškátový oříšek, sůl, skořici, pepř, nové koření, česnek, mátu, petržel a cibuli.

Přidejte hovězí maso a připravte šest (6) podlouhlých placiček 2x4 palce.

Použijte nastavení střední teploty pro grilování placiček nebo je opékejte čtyři palce od ohně po dobu 6 minut z každé strany.

Když jsou hotové, teploměr na maso zaznamená 160° Fahrenheita. Podávejte s omáčkou podle potřeby.

Výživa (na 100 g): 231 kalorií 9 g tuků 10 g sacharidů 32 g bílkovin 811 mg sodíku

Prosciutto – salát – sendviče s rajčaty a avokádem

Doba přípravy: 10 minut
Čas na vaření: 10 minut
Porce: 4
Úroveň obtížnosti: Snadná

Ingredience:

- Prosciutto (2 oz./8 tenkých plátků)
- Zralé avokádo (1 nakrájené na polovinu)
- Římský salát (4 plné listy)
- Velké zralé rajče (1)
- Celozrnné nebo celozrnné plátky chleba (8)
- Černý pepř a košer sůl (0,25 lžičky)

Pokyny:

Listy salátu natrhejte na osm kusů (celkem). Rajče nakrájíme na osm koleček. Chléb opečte a položte na talíř.

Vyškrábněte dužinu avokáda ze slupky a vhoďte ji do mixovací nádoby. Lehce popráším pepřem a solí. Šlehejte nebo jemně rozmačkejte avokádo, dokud nebude krémové. Natřete na chleba.

Udělejte jeden sendvič. Vezměte si plátek avokádového toastu; navrch dejte list salátu, plátek prosciutta a plátek rajčat. Navrch dejte další plátek salátových rajčat a pokračujte.

Postup opakujte, dokud nebudou všechny ingredience vyčerpány.

Výživa (na 100 g): 240 kalorií 9 g tuků 8 g sacharidů 12 g bílkovin 811 mg sodíku

Špenátový koláč

Doba přípravy: 10 minut
Čas na vaření: 60 minut
Porce: 6
Úroveň obtížnosti: Průměrná

Ingredience:

- rozpuštěné máslo (0,5 hrnku)
- Mražený špenát (10 oz. bal.)
- čerstvá petrželka (0,5 hrnku)
- Zelená cibule (0,5 šálku)
- Čerstvý kopr (0,5 šálku)
- Rozdrobený sýr feta (0,5 šálku)
- Smetanový sýr (4 oz.)
- Tvaroh (4 oz.)
- parmazán (2 lžíce - strouhaný)
- Velká vejce (2)
- Sůl a pepř (dle libosti)
- Phyllo těsto (40 listů)

Pokyny:

Zahřejte nastavení trouby na 350 ° Fahrenheita.

Nasekejte/nakrájejte cibuli, kopr a petržel. Špenát a pláty těsta rozmrazte. Špenát osušte vymačkáním.

Smíchejte špenát, jarní cibulku, vejce, sýry, petržel, kopr, pepř a sůl v mixéru, dokud nebude krémová.

Malé filové trojúhelníčky připravíme tak, že je naplníme jednou lžičkou špenátové směsi.

Vnějšek trojúhelníků lehce potřete máslem a položte je švem dolů na nevymaštěný plech.

Vložíme je do vyhřáté trouby zapéct do zlatova a nafouknuté (20-25 min.). Podávejte potrubí horké.

Výživa (na 100 g): 555 kalorií 21,3 g tuků 15 g sacharidů 18,1 g bílkovin 681 mg sodíku

Feta kuřecí burgery

Doba přípravy: 10 minut

Čas na vaření: 30 minut

Porce: 6

Úroveň obtížnosti: Průměrná

Ingredience:

- ¼ šálku majonézy se sníženým obsahem tuku
- ¼ šálku Jemně nakrájené okurky
- ¼ lžičky černého pepře
- 1 lžička česnekového prášku
- ½ šálku nakrájené pečené sladké červené papriky
- ½ lžičky řeckého koření
- 1,5 lb. Libové mleté kuře
- 1 šálek rozdrobeného sýra feta
- 6 celozrnných burgerových buchet

Pokyny:

Předehřejte brojler v troubě předem. Smíchejte majonézu a okurku. Dát stranou.

Na hamburgery smíchejte každé z koření a červenou papriku. Kuře a sýr dobře promíchejte. Vytvořte směs do 6 ½ palce tlustých placiček.

Uvařte hamburgery v brojleru a umístěte je přibližně čtyři palce od zdroje tepla. Vařte, dokud teploměr nedosáhne 165 ° Fahrenheita.

Podáváme s houskou a okurkovou omáčkou. Podle potřeby ozdobte rajčaty a salátem a podávejte.

Výživa (na 100 g): 356 kalorií 14 g tuků 10 g sacharidů 31 g bílkovin 691 mg sodíku

Pečené vepřové maso na tacos

Doba přípravy: 10 minut
Čas na vaření: 1 hodina 15 minut
Porce: 6
Úroveň obtížnosti: Průměrná

Ingredience:

- Pečená vepřová plec (4 lb.)
- Nakrájené zelené chilli papričky (2-4 oz. plechovky)
- Chilli prášek (0,25 šálku)
- Sušené oregano (1 lžička)
- Taco koření (1 lžička)
- Česnek (2 lžičky)
- Sůl (1,5 lžičky nebo dle libosti)

Pokyny:

Nastavte troubu tak, aby dosáhla 300 ° Fahrenheita.

Umístěte pečeně na velký plát hliníkové fólie.

Chilli slijte. Nasekejte česnek.

Smíchejte zelené chilli, taco koření, chilli prášek, oregano a česnek. Směsí potřeme pečínku a přikryjeme vrstvou alobalu.

Umístěte zabalené vepřové maso na rošt na pečení na plech, aby se zachytily případné úniky.

Pečte 3,5 až 4 hodiny v horké troubě, dokud se nerozpadne. Vařte, dokud střed nedosáhne alespoň 145° Fahrenheita při testování teploměrem na maso (vnitřní teplota).

Pečeně přendejte na sekací špalek a nakrájejte na malé kousky pomocí dvou vidliček. Dochuťte dle libosti.

Výživa (na 100 g): 290 kalorií 17,6 g tuků 12 g sacharidů 25,3 g bílkovin 471 mg sodíku

Italské jablko - olivový olej koláč

Doba přípravy: 10 minut
Čas na vaření: 1 hodina 10 minut
Porce: 12
Úroveň obtížnosti: Průměrná

Ingredience:

- Gala jablka (2 velká)
- Pomerančový džus - na namáčení jablek
- Univerzální mouka (3 šálky)
- Mletá skořice (0,5 lžičky)
- Muškátový oříšek (0,5 lžičky)
- Prášek do pečiva (1 lžička)
- Jedlá soda (1 lžička)
- Cukr (1 šálek)
- Olivový olej (1 šálek)
- Velká vejce (2)
- Zlaté rozinky (0,66 šálku)
- Cukrářský cukr - na posypání
- Dále potřebujete: 9palcový pekáč

Pokyny:

Jablka oloupeme a nakrájíme nadrobno. Jablka pokapejte jen takovým množstvím pomerančové šťávy, aby nezhnědly.

Rozinky namočte na 15 minut do teplé vody a dobře sceďte.

Prosejte jedlou sodu, mouku, prášek do pečiva, skořici a muškátový oříšek. Dejte to zatím na stranu.

Nalijte olivový olej a cukr do mísy stojanového mixéru. Míchejte na nízkém stupni 2 minuty nebo dokud se dobře nespojí.

Míchejte za chodu, jedno po druhém vklepejte vejce a pokračujte v míchání 2 minuty. Směs by měla zvětšit objem; měla by být hustá – ne tekutá.

Všechny ingredience dobře promíchejte. Uprostřed moučné směsi vytvořte důlek a přidejte směs oliv a cukru.

Jablka zbavte přebytečné šťávy a namočené rozinky slijte. Přidejte je spolu s těstem, dobře promíchejte.

Připravte si plech na pečení s pečícím papírem. Těsto položte na pánev a zarovnejte ho zadní stranou dřevěné lžíce.

Pečte 45 minut při 350 ° Fahrenheita.

Až budete hotový, sejměte dort z pečícího papíru a vložte jej do servírovací misky. Popráším cukrářským cukrem. Zahřejte tmavý med, abyste ozdobili vrch.

Výživa (na 100 g): 294 kalorií 11g Tuk 9g Sacharidy 5,3g Bílkoviny 691mg Sodík

Rychlá tilapie s červenou cibulí a avokádem

Doba přípravy: 10 minut
Čas na vaření: 5 minut
Porce: 4
Úroveň obtížnosti: Průměrná

Ingredience:

- 1 lžíce extra panenského olivového oleje
- 1 polévková lžíce čerstvě vymačkané pomerančové šťávy
- ¼ lžičky košer nebo mořské soli
- 4 filety z tilapie, více podlouhlé než čtvercové, s kůží nebo s kůží
- ¼ šálku nakrájené červené cibule
- 1 avokádo

Pokyny:

V 9palcové skleněné koláčové misce smíchejte dohromady olej, pomerančový džus a sůl. Na filetu zpracujte současně, každý vložte do koláčové misky a potáhněte ze všech stran. Vytvarujte filety ve formaci kola vozu. Každý filet položte 1 polévkovou lžící cibule a poté přeložte konec filetu, který visí přes okraj, na polovinu přes cibuli. Po dokončení byste měli mít 4 přeložené filety se záhybem proti vnějšímu okraji misky a konci uprostřed.

Nádobu zabalte do plastu, malou část nechte na okraji otevřenou, aby se odvětrala pára. Vařte na nejvyšší teplotu asi 3 minuty v mikrovlnné troubě. Po dokončení by se měl při jemném stlačení vidličkou rozdělit na vločky (kousky). Filety ozdobte avokádem a podávejte.

Výživa (na 100 g): 200 kalorií 3 g tuků 4 g sacharidů 22 g bílkovin 811 mg sodíku

Grilovaná ryba na citronech

Doba přípravy: 10 minut
Čas na vaření: 10 minut
Porce: 4
Úroveň obtížnosti: Obtížná

Ingredience:

- 4 (4 unce) rybí filé
- Nepřilnavý sprej na vaření
- 3 až 4 střední citrony
- 1 lžíce extra panenského olivového oleje
- ¼ lžičky čerstvě mletého černého pepře
- ¼ lžičky košer nebo mořské soli

Pokyny:

Pomocí papírových utěrek osušte filety a nechte 10 minut stát při pokojové teplotě. Mezitím potřete grilovací rošt pro studenou kuchyni nepřilnavým sprejem na vaření a předehřejte gril na 400 °F nebo středně vysokou teplotu.

Jeden citron rozkrojte napůl a polovinu dejte stranou. Nakrájejte zbývající polovinu citronu a zbývající citrony na ¼ palce silné plátky. (Měli byste mít asi 12 až 16 plátků citronu.) Do malé misky vymačkejte 1 lžíci šťávy z odložené poloviny citronu.

Do mísy přidejte olej s citronovou šťávou a dobře promíchejte. Obě strany ryby položte olejovou směsí a rovnoměrně posypte pepřem a solí.

Plátky citronu opatrně položte na gril (nebo grilovací pánev), 3 až 4 plátky urovnejte do tvaru rybího filé a opakujte se zbývajícími plátky. Rybí filé položte přímo na plátky citronu a grilujte se zavřeným víkem. (Pokud grilujete na sporáku, zakryjte velkou poklicí nebo hliníkovou fólií.) Rybu v polovině doby vaření otočte, pouze pokud jsou filety tlusté více než půl palce. Je uvařený, když se při mírném stlačení vidličkou začne oddělovat na vločky.

Výživa (na 100 g): 147 kalorií 5 g tuků 1 g sacharidů 22 g bílkovin 917 mg sodíku

Weeknight Sheet Pan Fish Večeře

Doba přípravy: 10 minut
Čas na vaření: 10 minut
Porce: 4
Úroveň obtížnosti: Průměrná

Ingredience:

- Nepřilnavý sprej na vaření
- 2 lžíce extra panenského olivového oleje
- 1 lžíce balzamikového octa
- 4 (4 unce) rybí filé (tloušťka ½ palce)
- 2 ½ šálků zelených fazolek
- 1-litrová cherry nebo hroznová rajčata

Pokyny:

Předehřejte troubu na 400 °F. Potřete dva velké pečicí plechy s okrajem nepřilnavým sprejem na vaření. V malé misce smíchejte dohromady olej a ocet. Dát stranou. Na každý plech položte dva kusy ryby.

Ve velké míse smíchejte fazole a rajčata. Zalijte olejem a octem a jemně promíchejte, aby se obalil. Nalijte polovinu směsi zelených fazolí na ryby na jednom plechu a zbývající polovinu na ryby na druhém. Rybu otočte a vetřete do olejové směsi, aby se obalila.

Zeleninu položte rovnoměrně na plechy, aby kolem ní mohl cirkulovat horký vzduch.

Pečte, dokud nebude ryba jen neprůhledná. Je uvařený, když se při jemném propíchnutí vidličkou začne oddělovat na kousky.

Výživa (na 100 g): 193 kalorií 8 g tuků 3 g sacharidů 23 g bílkovin 811 mg sodíku

Křupavé rybí tyčinky z polenty

Doba přípravy: 10 minut
Čas na vaření: 15 minut
Porce: 4
Úroveň obtížnosti: Obtížná

Ingredience:

- 2 velká vejce, lehce rozšlehaná
- 1 polévková lžíce 2% mléka
- 1 libra stažené rybí filé nakrájené na 20 (1 palec široké) proužky
- ½ šálku žluté kukuřičné mouky
- ½ šálku celozrnné strouhanky panko chleba
- ¼ lžičky uzené papriky
- ¼ lžičky košer nebo mořské soli
- ¼ lžičky čerstvě mletého černého pepře
- Nepřilnavý sprej na vaření

Pokyny:

Do trouby vložte velký pečicí plech s okrajem. Předehřejte troubu na 400 °F s pánví uvnitř. Ve velké míse smíchejte vejce a mléko. Pomocí vidličky přidejte rybí nudličky do vaječné směsi a jemně promíchejte, aby se obalily.

Vložte kukuřičnou krupici, strouhanku, uzenou papriku, sůl a pepř do čtyřlitrového plastového sáčku na zip. Pomocí vidličky nebo kleští přendejte rybu do sáčku a před přemístěním nechte přebytečnou tekutinu z vajec odkapat do misky. Pevně uzavřete a jemně protřepejte, aby se každá tyčinka úplně obalila.

Pomocí chňapek opatrně vyjměte horký plech z trouby a postříkejte jej nepřilnavým sprejem na vaření. Pomocí vidličky nebo kleští vyjměte rybí tyčinky ze sáčku a položte je na horký plech s mezerou mezi nimi, aby mohl horký vzduch cirkulovat a křupat je. Pečte 5 až 8 minut, dokud mírný tlak vidličkou nezpůsobí vločkování ryby, a podávejte.

Výživa (na 100 g):256 kalorií 6 g tuků 2 g sacharidů 29 g bílkovin 667 mg sodíku

Večeře z pánve s lososem

Doba přípravy: 15 minut

Čas na vaření: 15 minut

Porce: 4

Úroveň obtížnosti: Průměrná

Ingredience:

- 1 lžíce extra panenského olivového oleje
- 2 stroužky česneku nasekané
- 1 lžička uzené papriky
- 1-litrové hroznové nebo cherry rajčata, nakrájené na čtvrtiny
- 1 (12 uncí) sklenice pečené červené papriky
- 1 lžíce vody
- ¼ lžičky čerstvě mletého černého pepře
- ¼ lžičky košer nebo mořské soli
- Filety z lososa o hmotnosti 1 libry, zbavené kůže, nakrájené na 8 kusů
- 1 lžíce čerstvě vymačkané citronové šťávy (z ½ středního citronu)

Pokyny:

Na středním plameni osmahněte olej na pánvi. Vmícháme česnek a uzenou papriku a za častého míchání vaříme 1 minutu. Vmícháme rajčata, pečenou papriku, vodu, černý pepř a sůl. Nastavte teplotu na středně vysokou, vařte a vařte 3 minuty a rajčata rozdrťte až do konce doby vaření.

Umístěte lososa na pánev a navrch pokapejte trochou omáčky. Přikryjte a vařte 10 až 12 minut (145 °F pomocí teploměru na maso) a teprve se začne loupat.

Vytáhněte pánev z ohně a pokapejte vršek ryby citronovou šťávou. Omáčku promíchejte a poté lososa nakrájejte na kousky. Sloužit.

Výživa (na 100 g): 289 kalorií 13 g tuků 2 g sacharidů 31 g bílkovin 581 mg sodíku

Toskánské burgery s tuňákem a cuketou

Doba přípravy: 10 minut

Čas na vaření: 30 minut

Porce: 4

Úroveň obtížnosti: Průměrná

Ingredience:

- 3 plátky celozrnného sendvičového chleba, opečené
- 2 (5 uncí) plechovky tuňáka v olivovém oleji
- 1 hrnek nakrájené cukety
- 1 velké vejce, lehce rozšlehané
- ¼ šálku nakrájené červené papriky
- 1 lžíce sušeného oregana
- 1 lžička citronové kůry
- ¼ lžičky čerstvě mletého černého pepře
- ¼ lžičky košer nebo mořské soli
- 1 lžíce extra panenského olivového oleje
- Zelený salát nebo 4 celozrnné rohlíky k podávání (volitelně)

Pokyny:

Toasty rozdrobte na strouhanku pomocí prstů (nebo nožem nakrájejte na ¼-palcové kostky), dokud nezískáte 1 šálek volně zabalených strouhanek. Nasypte drobky do velké mísy. Přidejte tuňáka, cuketu, vejce, papriku, oregano, citronovou kůru, černý pepř a sůl. Dobře promíchejte vidličkou. Směs rozdělte na čtyři placičky (o velikosti ½ šálku). Umístěte na talíř a přitlačte každou placičku naplocho na tloušťku asi ¾ palce.

Na středně vysokém ohni osmahněte olej na pánvi. Přidejte placičky do rozpáleného oleje a poté plamen stáhněte na střední. Placičky vařte 5 minut, otočte stěrkou a vařte dalších 5 minut. Užívejte tak, jak je, nebo podávejte se zeleninovým salátem nebo celozrnnými rolkami.

Výživa (na 100 g):191 kalorií 10 g tuků 2 g sacharidů 15 g bílkovin 661 mg sodíku

Sicilská kapusta a tuňáková mísa

Doba přípravy: 15 minut
Čas na vaření: 15 minut
Porce: 6
Úroveň obtížnosti: Průměrná

Ingredience:

- 1 libra kapusty
- 3 lžíce extra panenského olivového oleje
- 1 šálek nakrájené cibule
- 3 stroužky česneku, nasekané
- 1 (2,25 unce) plechovka oliv nakrájených na plátky, okapané
- ¼ šálku kaparů
- ¼ lžičky červené papriky
- 2 lžičky cukru
- 2 (6 uncí) plechovky tuňáka v olivovém oleji
- 1 (15 uncí) cannellini fazolí
- ¼ lžičky mletého černého pepře
- ¼ lžičky košer nebo mořské soli

Pokyny:

V hrnci s vývarem dejte vařit do tří čtvrtin vody. Vmícháme kapustu a vaříme 2 minuty. Kapustu sceďte cedníkem a dejte stranou.

Vraťte prázdný hrnec zpět na sporák na střední teplotu a vložte do něj olej. Vmícháme cibuli a za stálého míchání opékáme 4 minuty. Vložte do česneku a vařte 1 minutu. Vložte olivy, kapary a drcenou červenou papriku a vařte 1 minutu. Nakonec přidejte částečně uvařenou kapustu a cukr, míchejte, dokud se kapusta zcela nepokryje olejem. Hrnec uzavřeme a vaříme 8 minut.

Odstavte kapustu z plotny, přidejte tuňáka, fazole, pepř a sůl a podávejte.

Výživa (na 100 g): 265 kalorií 12 g tuků 7 g sacharidů 16 g bílkovin 715 mg sodíku

Středomořská treska dušená

Doba přípravy: 10 minut
Čas na vaření: 20 minut
Porce: 6
Úroveň obtížnosti: Průměrná

Ingredience:

- 2 lžíce extra panenského olivového oleje
- 2 šálky nakrájené cibule
- 2 stroužky česneku, nasekané
- ¾ lžičky uzené papriky
- 1 (14,5 unce) plechovka nakrájených rajčat, neodkapaných
- 1 (12 uncí) sklenice pečené červené papriky
- 1 šálek nakrájených oliv, zelených nebo černých
- 1/3 šálku suchého červeného vína
- ¼ lžičky čerstvě mletého černého pepře
- ¼ lžičky košer nebo mořské soli
- 1½ libry filety z tresky, nakrájené na 1-palcové kousky
- 3 šálky nakrájených hub

Pokyny:

V hrnci uvařte olej. Vmícháme cibuli a za občasného míchání opékáme 4 minuty. Vmícháme česnek a uzenou papriku a za častého míchání vaříme 1 minutu.

Smíchejte rajčata se šťávou, pečenou paprikou, olivami, vínem, pepřem a solí a zvyšte plamen na středně vysoký. Přivést k varu. Přidejte tresku a houby a snižte plamen na střední teplotu.

Vařte asi 10 minut, občas promíchejte, dokud se treska neprovaří a snadno se vločky, a podávejte.

Výživa (na 100 g): 220 kalorií 8 g tuků 3 g sacharidů 28 g bílkovin 583 mg sodíku

Dušené mušle v omáčce z bílého vína

Doba přípravy: 5 minut
Čas na vaření: 10 minut
Porce: 4
Úroveň obtížnosti: Obtížná

Ingredience:

- 2 libry malých mušlí
- 1 lžíce extra panenského olivového oleje
- 1 šálek na tenké plátky nakrájené červené cibule
- 3 stroužky česneku, nakrájené na plátky
- 1 šálek suchého bílého vína
- 2 (¼ palce silné) plátky citronu
- ¼ lžičky čerstvě mletého černého pepře
- ¼ lžičky košer nebo mořské soli
- Čerstvé plátky citronu, k podávání (volitelné)

Pokyny:

Ve velkém cedníku ve dřezu přelijte mušle studenou vodou (ale nenechte mušle sedět ve stojaté vodě). Všechny skořápky by měly být těsně uzavřeny; vyhoďte všechny skořápky, které jsou trochu otevřené, nebo všechny skořápky, které jsou prasklé. Nechte mušle v cedníku, dokud nebudete připraveni je použít.

Ve velké pánvi osmahněte olej. Vmícháme cibuli a za občasného míchání opékáme 4 minuty. Vložte česnek a za stálého míchání vařte 1 minutu. Přidejte víno, plátky citronu, pepř a sůl a přiveďte k varu. Vařte 2 minuty.

Přidejte mušle a přikryjte. Vařte, dokud mušle neotevřou skořápky. Během vaření dvakrát nebo třikrát pánví jemně zatřeste.

Všechny skořápky by nyní měly být široce otevřené. Pomocí děrované lžíce vyhoďte všechny mušle, které jsou ještě zavřené. Otevřené mušle vložíme do mělké servírovací misky a zalijeme vývarem. Podávejte s dalšími plátky čerstvého citronu, pokud chcete.

Výživa (na 100 g): 222 kalorií 7 g tuků 1 g sacharidů 18 g bílkovin 708 mg sodíku

Pomerančové a česnekové krevety

Doba přípravy: 20 minut
Čas na vaření: 10 minut
Porce: 6
Úroveň obtížnosti: Obtížná

Ingredience:

- 1 velký pomeranč
- 3 lžíce extra panenského olivového oleje, rozdělené
- 1 lžíce nasekaného čerstvého rozmarýnu
- 1 lžíce nasekaného čerstvého tymiánu
- 3 stroužky česneku, nasekané (asi 1½ lžičky)
- ¼ lžičky čerstvě mletého černého pepře
- ¼ lžičky košer nebo mořské soli
- 1 ½ libry čerstvých syrových krevet, odstraněny skořápky a ocasy

Pokyny:

Celý pomeranč oloupeme pomocí struhadla na citrusy. Smíchejte pomerančovou kůru a 2 lžíce oleje s rozmarýnem, tymiánem, česnekem, pepřem a solí. Vmíchejte krevety, utěsněte sáček a jemně krevety masírujte, dokud se všechny ingredience nespojí a krevety nejsou zcela pokryty kořením. Dát stranou.

Rozpalte gril, grilovací pánev nebo velkou pánev na střední teplotu. Potřete nebo vmíchejte zbylou 1 lžíci oleje. Přidejte polovinu krevet a vařte 4 až 6 minut, nebo dokud krevety nezrůžoví a zbělají, v polovině je otočte, pokud jsou na grilu, nebo každou minutu míchejte, pokud jsou na pánvi. Přeneste krevety do velké servírovací mísy. Opakujte a umístěte je do misky.

Zatímco se krevety vaří, oloupeme pomeranč a nakrájíme dužinu na kousky velikosti sousta. Umístěte do servírovací mísy a promíchejte s uvařenými krevetami. Ihned podávejte nebo vychlaďte a podávejte studené.

Výživa (na 100 g): 190 kalorií 8 g tuků 1 g sacharidů 24 g bílkovin 647 mg sodíku

Pečené krevety a noky

Doba přípravy: 10 minut
Čas na vaření: 20 minut
Porce: 4
Úroveň obtížnosti: Průměrná

Ingredience:

- 1 šálek nakrájených čerstvých rajčat
- 2 lžíce extra panenského olivového oleje
- 2 stroužky česneku, nasekané
- ½ lžičky čerstvě mletého černého pepře
- ¼ lžičky drcené červené papriky
- 1 (12 uncí) sklenice pečené červené papriky
- 1 libra čerstvých syrových krevet, odstraněny skořápky a ocasy
- 1 libra mražených noků (nerozmražených)
- ½ šálku nakrájeného sýra feta
- 1/3 šálku čerstvých natrhaných lístků bazalky

Pokyny:

Předehřejte troubu na 425 °F. V pekáčku smícháme rajčata, olej, česnek, černý pepř a drcenou červenou papriku. Pečeme v troubě 10 minut.

Vmícháme opečené papriky a krevety. Restujte dalších 10 minut, dokud krevety nezrůžoví a zbělají.

Zatímco se krevety vaří, vařte na sporáku noky podle návodu na obalu. Sceďte v cedníku a udržujte v teple. Vyjměte misku z trouby. Vmícháme uvařené noky, fetu a bazalku a podáváme.

Výživa (na 100 g): 277 kalorií 7 g tuků 1 g sacharidů 20 g bílkovin 711 mg sodíku

Pikantní krevety Puttanesca

Doba přípravy: 5 minut

Čas na vaření: 15 minut

Porce: 4

Úroveň obtížnosti: Průměrná

Ingredience:

- 2 lžíce extra panenského olivového oleje
- 3 filety sardele, okapané a nakrájené
- 3 stroužky česneku, nasekané
- ½ lžičky drcené červené papriky
- 1 (14,5 unce) konzerva s nízkým obsahem sodíku nebo bez přidané soli nakrájená rajčata, neodkapaná
- 1 (2,25 unce) plechovka černých oliv
- 2 lžíce kapary
- 1 lžíce nasekaného čerstvého oregana
- 1 libra čerstvých syrových krevet, odstraněny skořápky a ocasy

Pokyny:

Na středním plameni smažte olej. Vmícháme ančovičky, česnek a drcenou červenou papriku. Vařte 3 minuty za častého míchání a rozmačkávejte ančovičky vařečkou, dokud se nerozpustí v oleji.

Vmíchejte rajčata se šťávou, olivy, kapary a oregano. Zvyšte plamen na středně vysoký a přiveďte k varu.

Když omáčka lehce probublává, vmíchejte krevety. Zvolte teplotu na střední a vařte krevety, dokud nezrůžoví a zbělají, a poté podávejte.

Výživa (na 100 g): 214 kalorií 10 g tuků 2 g sacharidů 26 g bílkovin 591 mg sodíku

Italské sendviče s tuňákem

Doba přípravy: 10 minut

Čas na vaření: 0 minut

Porce: 4

Úroveň obtížnosti: Snadná

Ingredience:

- 3 lžíce čerstvě vymačkané citronové šťávy
- 2 lžíce extra panenského olivového oleje
- 1 stroužek česneku, nasekaný
- ½ lžičky čerstvě mletého černého pepře
- 2 (5 uncí) konzervy tuňáka, okapané
- 1 (2,25 unce) plechovka nakrájených oliv
- ½ šálku nakrájeného čerstvého fenyklu včetně lístků
- 8 plátků celozrnného křupavého chleba

Pokyny:

Smíchejte citronovou šťávu, olej, česnek a pepř. Přidejte tuňáka, olivy a fenykl. Pomocí vidličky rozdělte tuňáka na kousky a promíchejte, aby se všechny ingredience spojily.

Tuňákový salát rozdělte rovnoměrně na 4 plátky chleba. Každý položte zbývajícími plátky chleba. Nechte sendviče odležet alespoň 5 minut, aby se pikantní náplň před podáváním vsákla do chleba.

Výživa (na 100 g): 347 kalorií 17 g tuků 5 g sacharidů 25 g bílkovin 447 mg sodíku

Salátové zábaly s koprem

Doba přípravy: 10 minut

Čas na vaření: 10 minut

Porce: 6

Úroveň obtížnosti: Snadná

Ingredience:

- 1-libra filet z lososa, vařený a ve vločkách
- ½ šálku nakrájené mrkve
- ½ šálku celeru nakrájeného na kostičky
- 3 lžíce nasekaného čerstvého kopru
- 3 lžíce nakrájené červené cibule
- 2 lžíce kapary
- 1½ lžíce extra panenského olivového oleje
- 1 lžíce vyzrálého balzamikového octa
- ½ lžičky čerstvě mletého černého pepře
- ¼ lžičky košer nebo mořské soli
- 4 celozrnné chlebové zábaly nebo měkké celozrnné tortilly

Pokyny:

Smíchejte dohromady lososa, mrkev, celer, kopr, červenou cibuli, kapary, olej, ocet, pepř a sůl. Lososový salát rozdělte mezi placky. Namačkejte spodní část placky, poté obal srolujte a podávejte.

Výživa (na 100 g): 336 kalorií 16 g tuků 5 g sacharidů 32 g bílkovin 884 mg sodíku

Pizzový koláč z bílé škeble

Doba přípravy: 10 minut

Čas na vaření: 20 minut

Porce: 4

Úroveň obtížnosti: Obtížná

Ingredience:

- 1 libra chlazeného čerstvého těsta na pizzu
- Nepřilnavý sprej na vaření
- 2 lžíce extra panenského olivového oleje, rozdělené
- 2 stroužky česneku, nasekané (asi 1 lžička)
- ½ lžičky drcené červené papriky
- 1 (10 uncí) konzerva celé mládě, scezené
- ¼ šálku suchého bílého vína
- Univerzální mouka, na posypání
- 1 hrnek nakrájeného sýra mozzarella
- 1 lžíce strouhaného sýru Pecorino Romano nebo parmazánu
- 1 lžíce nasekané čerstvé ploché listové (italské) petrželky

Pokyny:

Předehřejte troubu na 500 °F. Velký pečicí plech s okrajem potřete nepřilnavým sprejem na vaření.

Ve velké pánvi uvařte 1½ lžíce oleje. Vložíme česnek a drcenou červenou papriku a vaříme 1 minutu za častého míchání, aby se česnek nepřipálil. Přidejte odloženou šťávu ze škeblí a víno.

Přiveďte k varu na silném ohni. Snižte na střední teplotu, aby se omáčka jen vařila a za občasného míchání vařte 10 minut. Omáčka se provaří a zhoustne.

Vložte škeble a za občasného míchání vařte 3 minuty. Zatímco se omáčka vaří, na lehce pomoučeném povrchu vytvarujte těsto na pizzu do kruhu o velikosti 12 palců nebo do obdélníku 10 x 12 palců pomocí válečku nebo protahováním rukama. Těsto položte na připravený plech. Těsto potřete zbylou ½ lžící oleje. Nechte stranou, dokud nebude omáčka z mušlí hotová.

Rozložte omáčku ze škeblí na připravené těsto do ½ palce od okraje. Navrch dejte sýr mozzarella a poté posypte Pecorino Romano.

Pečte 10 minut. Vytáhněte pizzu z trouby a položte na dřevěné prkénko. Posypte petrželkou, nakrájejte na osm kousků řezačkou na pizzu nebo ostrým nožem a podávejte.

Výživa (na 100 g): 541 kalorií 21 g tuků 1 g sacharidů 32 g bílkovin 688 mg sodíku

Pečená fazolová rybí moučka

Doba přípravy: 10 minut

Čas na vaření: 10 minut

Porce: 4

Úroveň obtížnosti: Snadná

Ingredience:

- 1 lžíce balzamikového octa
- 2 ½ šálků zelených fazolek
- 1-litrová cherry nebo hroznová rajčata
- 4 (každé 4 unce) rybí filé, jako je treska nebo tilapie
- 2 lžíce olivového oleje

Pokyny:

Předehřejte troubu na 400 stupňů. Dva plechy na pečení vymažte olivovým olejem nebo olivovým olejem ve spreji. Na každý plát uložte 2 rybí filé. Do mixovací nádoby nalijte olivový olej a ocet. Spojte, aby se navzájem dobře promíchaly.

Smíchejte zelené fazolky a rajčata. Spojte, aby se navzájem dobře promíchaly. Obě směsi dobře promíchejte. Směs přidejte rovnoměrně na rybí filé. Pečte 6–8 minut, dokud ryba nebude neprůhledná a snadno se odlupuje. Podávejte teplé.

Výživa (na 100 g): 229 kalorií 13 g tuků 8 g sacharidů 2,5 g bílkovin 559 mg sodíku

Houbový vývar z tresky

Doba přípravy: 10 minut
Čas na vaření: 20 minut
Porce: 6
Úroveň obtížnosti: Snadná

Ingredience:

- 2 lžíce extra panenského olivového oleje
- 2 stroužky česneku, nasekané
- 1 plechovka rajčat
- 2 šálky nakrájené cibule
- ¾ lžičky uzené papriky
- sklenice pečených červených paprik (12 uncí).
- 1/3 šálku suchého červeného vína
- ¼ lžičky košer nebo mořské soli
- ¼ lžičky černého pepře
- 1 šálek černých oliv
- 1 ½ libry filé z tresky, nakrájené na 1-palcové kousky
- 3 šálky nakrájených hub

Pokyny:

Pořiďte si středně velký hrnec, rozehřejte olej na středním plameni. Přidejte cibuli a vařte 4 minuty. Přidejte česnek a uzenou papriku; vařte 1 minutu za častého míchání. Přidejte rajčata se šťávou, pečenou papriku, olivy, víno, pepř a sůl; jemně promíchejte. Směs vařte. Přidejte tresku a houby; ztlumte teplo na střední. Zavřete a vařte, dokud se treska snadno neloupe, mezitím míchejte. Podávejte teplé.

Výživa (na 100 g): 238 kalorií 7 g tuků 15 g sacharidů 3,5 g bílkovin 772 mg sodíku

Kořeněný mečoun

Doba přípravy: 10 minut
Čas na vaření: 15 minut
Porce: 4
Úroveň obtížnosti: Průměrná

Ingredience:

- 4 (každý 7 uncí) steaky z mečouna
- 1/2 lžičky mletého černého pepře
- 12 stroužků česneku, oloupaných
- 3/4 lžičky soli
- 1 1/2 lžičky mletého kmínu
- 1 lžička papriky
- 1 lžička koriandru
- 3 lžíce citronové šťávy
- 1/3 šálku olivového oleje

Pokyny:

Vezměte mixér nebo kuchyňský robot, otevřete víko a přidejte všechny ingredience kromě mečouna. Zavřete víko a promíchejte, aby vznikla hladká směs. Sušte rybí steaky; rovnoměrně potřeme připravenou směsí koření.

Přidejte je přes hliníkovou fólii, přikryjte a dejte do lednice na 1 hodinu. Předehřejte pánev na vysokou teplotu, nalijte olej a zahřejte. Přidejte rybí steaky; za stálého míchání vařte 5–6 minut z každé strany, dokud se nepropeče a rovnoměrně nezhnědne. Podávejte teplé.

Výživa (na 100 g): 255 kalorií 12 g tuků 4 g sacharidů 0,5 g bílkovin 990 mg sodíku

Sardelová těstovinová mánie

Doba přípravy: 10 minut
Čas na vaření: 20 minut
Porce: 4
Úroveň obtížnosti: Snadná

Ingredience:

- 4 filety sardele, balené v olivovém oleji
- ½ libry brokolice, nakrájené na 1-palcové růžičky
- 2 stroužky česneku, nakrájené na plátky
- 1 libra celozrnného penne
- 2 lžíce olivového oleje
- ¼ šálku parmazánu, strouhaného
- Sůl a černý pepř, podle chuti
- Vločky červené papriky, podle chuti

Pokyny:

Uvařte těstoviny podle pokynů na obalu; sceďte a dejte stranou. Vezměte střední pánev nebo pánev, přidejte olej. Zahřívejte na středním plameni. Přidejte ančovičky, brokolici a česnek a vařte 4–5 minut, dokud zelenina nezměkne. Odeberte teplo; vmícháme těstoviny. Podávejte teplé s parmazánem, vločkami červené papriky, solí a černým pepřem posypaným navrchu.

Výživa (na 100 g): 328 kalorií 8 g tuků 35 g sacharidů 7 g bílkovin 834 mg sodíku

Krevetové česnekové těstoviny

Doba přípravy: 10 minut

Čas na vaření: 15 minut

Porce: 4

Úroveň obtížnosti: Snadná

Ingredience:

- 1-libra krevety, oloupané a zbavené
- 3 stroužky česneku, nasekané
- 1 cibule, nakrájená nadrobno
- 1 balení celozrnných nebo fazolových těstovin dle vlastního výběru
- 4 lžíce olivového oleje
- Sůl a černý pepř, podle chuti
- ¼ šálku bazalky, nakrájené na proužky
- ¾ šálku kuřecího vývaru s nízkým obsahem sodíku

Pokyny:

Uvařte těstoviny podle pokynů na obalu; opláchněte a dejte stranou. Připravte si střední pánev, přidejte olej a zahřejte na středním plameni. Přidejte cibuli, česnek a vařte 3 minuty, dokud nebude průsvitný a voňavý.

Přidejte krevety, černý pepř (mletý) a sůl; za stálého míchání vařte 3 minuty, dokud nejsou krevety neprůhledné. Přidejte vývar a vařte ještě 2-3 minuty. Přidejte těstoviny na servírovací talíře; přidejte směs krevet; podávejte teplé s bazalkou navrchu.

Výživa (na 100 g): 605 kalorií 17 g tuků 53 g sacharidů 19 g bílkovin 723 mg sodíku

Ocet Medový losos

Doba přípravy: 10 minut

Čas na vaření: 5 minut

Porce: 4

Úroveň obtížnosti: Snadná

Ingredience:

- 4 (8 uncí) filety z lososa
- 1/2 šálku balzamikového octa
- 1 lžíce medu
- Černý pepř a sůl podle chuti
- 1 lžíce olivového oleje

Pokyny:

Smíchejte med a ocet. Spojte, aby se navzájem dobře promíchaly.

Rybí filé ochutíme černým pepřem (mletým) a mořskou solí; potřeme medovou polevou. Vezměte střední pánev nebo pánev, přidejte olej. Zahřívejte na středním plameni. Přidejte filety z lososa a za stálého míchání je vařte, dokud nebudou uprostřed středně řídké a lehce opečené 3–4 minuty z každé strany. Podávejte teplé.

Výživa (na 100 g): 481 kalorií 16 g tuků 24 g sacharidů 1,5 g bílkovin 673 mg sodíku

Oranžová rybí moučka

Doba přípravy: 10 minut
Čas na vaření: 5 minut
Porce: 4
Úroveň obtížnosti: Snadná

Ingredience:

- ¼ lžičky košer nebo mořské soli
- 1 lžíce extra panenského olivového oleje
- 1 lžíce pomerančové šťávy
- 4 (4 unce) filé tilapie, s kůží nebo bez ní
- ¼ šálku nakrájené červené cibule
- 1 avokádo, zbavené pecek, slupky a nakrájené na plátky

Pokyny:

Vezměte zapékací misku o průměru 9 palců; přidejte olivový olej, pomerančovou šťávu a sůl. Dobře kombinujte. Přidejte rybí filé a dobře obalte. Přidejte cibuli na rybí filé. Zakryjte plastovým obalem. Zahřívejte v mikrovlnné troubě po dobu 3 minut, dokud nebude ryba dobře uvařená a nebude se snadno loupat. Podávejte teplé s nakrájeným avokádem nahoře.

Výživa (na 100 g): 231 kalorií 9 g tuků 8 g sacharidů 2,5 g bílkovin 536 mg bílkovin

Zoodles s krevetami

Doba přípravy: 10 minut

Čas na vaření: 5 minut

Porce: 2

Úroveň obtížnosti: Snadná

Ingredience:

- 2 lžíce nasekané petrželky
- 2 lžičky mletého česneku
- 1 lžička soli
- ½ lžičky černého pepře
- 2 střední cukety, spirálovité
- 3/4 libry střední krevety, oloupané a zbavené
- 1 lžíce olivového oleje
- 1 citron, šťáva a kůra

Pokyny:

Vezměte střední pánev nebo pánev, přidejte olej, citronovou šťávu, citronovou kůru. Zahřívejte na středním plameni. Přidejte krevety a vařte 1 minutu z každé strany. Smažte česnek a vločky červené paprikyještě 1 minutu. Přidejte Zoodles a jemně promíchejte; vařte 3 minuty, dokud se neuvaří ke spokojenosti. Dobře osolte, podávejte teplé s petrželkou navrchu.

Výživa (na 100 g): 329 kalorií 12 g tuků 11 g sacharidů 3 g bílkovin 734 mg sodíku

Chřestové pstruhové jídlo

Doba přípravy: 10 minut
Čas na vaření: 20 minut
Porce: 4
Úroveň obtížnosti: Snadná

Ingredience:

- 2 libry filety ze pstruha
- 1 libra chřestu
- Sůl a mletý bílý pepř, podle chuti
- 1 lžíce olivového oleje
- 1 stroužek česneku, jemně nasekaný
- 1 jarní cibulka, nakrájená na tenké plátky (zelená a bílá část)
- 4 středně zlaté brambory, nakrájené na tenké plátky
- 2 romská rajčata, nakrájená
- 8 vypeckovaných oliv kalamata, nakrájených
- 1 velká mrkev, nakrájená na tenké plátky
- 2 lžíce sušené petrželky
- ¼ šálku mletého kmínu
- 2 lžíce papriky
- 1 lžíce koření na zeleninový bujón
- ½ šálku suchého bílého vína

Pokyny:

Do mixovací nádoby přidejte rybí filé, bílý pepř a sůl. Spojte, aby se navzájem dobře promíchaly. Vezměte střední pánev nebo pánev, přidejte olej. Zahřívejte na středním plameni. Přidejte chřest, brambory, česnek, bílou část jarní cibulky a vařte, dokud nezměkne po dobu 4-5 minut. Přidejte rajčata, mrkev a olivy; za stálého míchání vařte 6-7 minut, dokud nezměkne. Přidejte kmín, papriku, petržel, bujónové koření a sůl. Směs dobře promíchejte.

Vmícháme bílé víno a rybí filé. Na mírném ohni, přikryjte a vařte směs asi 6 minut, dokud se ryba nebude snadno loupat, mezitím míchejte. Podávejte teplé se zelenou jarní cibulkou nahoře.

Výživa (na 100 g):303 kalorií 17 g tuků 37 g sacharidů 6 g bílkovin 722 mg sodíku

Kale Olivový Tuňák

Doba přípravy: 10 minut
Čas na vaření: 15 minut
Porce: 6
Úroveň obtížnosti: Průměrná

Ingredience:

- 1 šálek nakrájené cibule
- 3 stroužky česneku, nasekané
- 1 (2,25 unce) plechovka oliv nakrájených na plátky, okapané
- 1 libra kapusty, nakrájená
- 3 lžíce extra panenského olivového oleje
- ¼ šálku kaparů
- ¼ lžičky drcené červené papriky
- 2 lžičky cukru
- 1 (15 uncí) cannellini fazolí
- 2 (6 uncí) plechovky tuňáka v olivovém oleji, neloupané
- ¼ lžičky černého pepře
- ¼ lžičky košer nebo mořské soli

Pokyny:

Kapustu namočte na 2 minuty do vroucí vody; sceďte a dejte stranou. Vezměte středně velký hrnec na vaření nebo vývar, zahřejte olej na středním plameni. Přidejte cibuli a za stálého míchání vařte, dokud nebude průsvitná a nezměkne. Přidejte česnek a vařte, dokud nebude voňavý po dobu 1 minuty.

Přidejte olivy, kapary a červenou papriku a vařte 1 minutu. Vmícháme uvařenou kapustu a cukr. Na mírném ohni přikryjte a směs vařte asi 8-10 minut, mezitím míchejte. Přidejte tuňáka, fazole, pepř a sůl. Dobře promíchejte a podávejte teplé.

Výživa (na 100 g): 242 kalorií 11 g tuků 24 g sacharidů 7 g bílkovin 682 mg sodíku

Pikantní rozmarýnové krevety

Doba přípravy: 10 minut
Čas na vaření: 10 minut
Porce: 6
Úroveň obtížnosti: Snadná

Ingredience:

- 1 velký pomeranč, oloupaný a oloupaný
- 3 stroužky česneku, nasekané
- 1 ½ libry syrových krevet, odstraněny skořápky a ocasy
- 3 lžíce olivového oleje
- 1 lžíce nasekaného tymiánu
- 1 lžíce nasekaného rozmarýnu
- ¼ lžičky černého pepře
- ¼ lžičky košer nebo mořské soli

Pokyny:

Vezměte plastový sáček na zip, přidejte pomerančovou kůru, krevety, 2 lžíce olivového oleje, česnek, tymián, rozmarýn, sůl a černý pepř. Dobře protřepejte a nechte 5 minut marinovat.

Vezměte střední pánev nebo pánev, přidejte 1 lžíci olivového oleje. Zahřívejte na středním plameni. Přidejte krevety a vařte 2-3 minuty z každé strany, dokud nebudou úplně růžové a neprůhledné. Pomeranč nakrájejte na měsíčky a přidejte na servírovací talíř. Přidejte krevety a dobře promíchejte. Podávejte čerstvé.

Výživa (na 100 g): 187 kalorií 7 g tuků 6 g sacharidů 0,5 g bílkovin 673 mg sodíku

Chřest losos

Doba přípravy: 10 minut

Čas na vaření: 15 minut

Porce: 2

Úroveň obtížnosti: Snadná

Ingredience:

- 8,8 unce svazek chřestu
- 2 malé filety z lososa
- 1 ½ lžičky soli
- 1 lžička černého pepře
- 1 lžíce olivového oleje
- 1 šálek holandské omáčky, low-carb

Pokyny:

Filety lososa dobře osolte. Vezměte střední pánev nebo pánev, přidejte olej. Zahřívejte na středním plameni.

Přidejte filety z lososa a vařte, dokud se rovnoměrně neopečou a dobře opečou 4–5 minut z každé strany. Přidejte chřest a vařte dalších 4-5 minut. Podávejte teplé s holandskou omáčkou navrchu.

Výživa (na 100 g):565 kalorií 7 g tuků 8 g sacharidů 2,5 g bílkovin 559 mg sodíku

Tuňákově ořechový salát

Doba přípravy: 10 minut
Čas na vaření: 0 minut
Porce: 4
Úroveň obtížnosti: Snadná

Ingredience:

- 1 lžíce nasekaného estragonu
- 1 řapíkatý celer, oříznutý a nakrájený nadrobno
- 1 střední šalotka, nakrájená na kostičky
- 3 lžíce nasekané pažitky
- 1 (5 uncí) plechovka tuňáka (pokryté olivovým olejem) scezená a oloupaná
- 1 lžička dijonské hořčice
- 2-3 lžíce majonézy
- 1/4 lžičky soli
- 1/8 lžičky pepře
- 1/4 šálku piniových oříšků, pražených

Pokyny:

Do velké salátové mísy přidejte tuňáka, šalotku, pažitku, estragon a celer. Spojte, aby se navzájem dobře promíchaly. Do mixovací nádoby přidejte majonézu, hořčici, sůl a černý pepř. Spojte, aby se navzájem dobře promíchaly. Přidejte majonézovou směs do salátové mísy; dobře promíchat a kombinovat. Přidejte piniové oříšky a znovu promíchejte. Podávejte čerstvé.

Výživa (na 100 g): 236 kalorií 14 g tuků 4 g sacharidů 1 g bílkovin 593 mg sodíku

Krémová polévka s krevetami

Doba přípravy: 10 minut

Čas na vaření: 35 minut

Porce: 6

Úroveň obtížnosti: Průměrná

Ingredience:

- 1-libra střední krevety, oloupané a zbavené
- 1 pórek, obě bílé a světle zelené části, nakrájený na plátky
- 1 střední fenyklová cibule, nakrájená
- 2 lžíce olivového oleje
- 3 stonky celeru, nakrájené
- 1 stroužek česneku, nasekaný
- Mořská sůl a mletý pepř podle chuti
- 4 hrnky zeleninového nebo kuřecího vývaru
- 1 lžíce semínek fenyklu
- 2 lžíce světlé smetany
- Šťáva z 1 citronu

Pokyny:

Vezměte středně velký hrnec nebo holandskou troubu, rozehřejte olej na středním plameni. Přidejte celer, pórek a fenykl a vařte asi 15 minut, dokud zelenina nezměkne a nezhnědne. Přidejte česnek; dochutíme černým pepřem a mořskou solí podle chuti. Přidejte fenyklové semínko a promíchejte.

Zalijeme vývarem a přivedeme k varu. Na mírném ohni směs vařte asi 20 minut a mezitím míchejte. Přidejte krevety a vařte 3 minuty dorůžova. Smíchejte smetanu a citronovou šťávu; podávejte teplé.

Výživa (na 100 g): 174 kalorií 5 g tuků 9,5 g sacharidů 2 g bílkovin 539 mg sodíku

Kořeněný losos se zeleninovou quinoou

Doba přípravy: 30 minut

Čas na vaření: 10 minut

Porce: 4

Úroveň obtížnosti: Obtížná

Ingredience:

- 1 šálek nevařené quinoa
- 1 lžička soli, rozdělená na polovinu
- ¾ šálku okurek, zbavených semínek, nakrájených na kostičky
- 1 šálek cherry rajčat, rozpůlených
- ¼ šálku červené cibule, nasekané
- 4 lístky čerstvé bazalky, nakrájené na tenké plátky
- Kůra z jednoho citronu
- ¼ lžičky černého pepře
- 1 lžička kmínu
- ½ lžičky papriky
- 4 (5 oz.) filety z lososa
- 8 plátků citronu
- ¼ šálku čerstvé petrželky, nasekané

Pokyny:

Do středně velkého hrnce přidejte quinou, 2 šálky vody a ½ lžičky soli. Zahřívejte, dokud se voda nevře, pak snižte teplotu, dokud se nezačne vařit. Zakryjte pánev a nechte ji vařit 20 minut nebo tak dlouho, jak je uvedeno na obalu quinoy. Vypněte hořák pod quinoou a před podáváním ji nechte přikryté ještě alespoň 5 minut odležet.

Těsně před podáváním přidejte do quinoy cibuli, rajčata, okurky, lístky bazalky a citronovou kůru a vše lžící jemně promíchejte. Mezitím (zatímco se vaří quinoa) si připravte lososa. Zapněte gril v troubě na vysokou úroveň a ujistěte se, že ve spodní části trouby je mřížka. Do malé misky přidejte následující složky: černý pepř, ½ lžičky soli, kmín a papriku. Smíchejte je dohromady.

Umístěte alobal na horní část skleněného nebo hliníkového plechu na pečení a poté na něj postříkejte nepřilnavým sprejem na vaření. Na fólii položte filety lososa. Směsí koření potřete každý filet (asi ½ lžičky směsi koření na filet). Přidejte kolečka citronu na okraje pánve poblíž lososa.

Lososa vařte pod brojlerem 8–10 minut. Vaším cílem je, aby se losos snadno rozloupal vidličkou. Lososa posypte petrželkou a poté podávejte s kolečky citronu a zeleninovou petrželkou. Užívat si!

Výživa (na 100 g): 385 kalorií 12,5 g tuků 32,5 g sacharidů 35,5 g bílkovin 679 mg sodíku

Hořčičný pstruh s jablky

Doba přípravy: 15 minut
Čas na vaření: 55 minut
Porce: 2
Úroveň obtížnosti: Obtížná

Ingredience:

- 1 polévková lžíce olivového oleje
- 1 malá šalotka, mletá
- 2 Lady Apples, půlená
- 4 filety ze pstruha, každý po 3 uncích
- 1 1/2 polévkové lžíce strouhanky, hladké a jemné
- 1/2 čajové lžičky tymiánu, čerstvého a nasekaného
- 1/2 polévkové lžíce másla, rozpuštěného a nesoleného
- 1/2 šálku jablečného moštu
- 1 lžička světle hnědého cukru
- 1/2 polévkové lžíce dijonské hořčice
- 1/2 polévkové lžíce kapary, opláchnuté
- Mořská sůl a černý pepř podle chuti

Pokyny:

Připravte troubu na 375 stupňů a poté vyjměte malou misku. Před dochucení solí a pepřem smíchejte strouhanku, šalotku a tymián.

Přidejte máslo a dobře promíchejte.

Jablka vložíme řezem nahoru do zapékací mísy a posypeme cukrem. Navrch posypte strouhankou a pak nalijte polovinu jablečného moštu kolem jablek a zakryjte misku. Pečte půl hodiny.

Odkryjte a pečte dalších dvacet minut. Jablka by měla být křehká, ale vaše drobky by měly být křupavé. Vyjměte jablka z trouby.

Zapněte brojlera a odložte stojan čtyři palce daleko. Pstruhy poplácejte a poté dochuťte solí a pepřem. Potřete olejem na plechu na pečení a poté pstruha položte kůží nahoru. Potřete pokožku zbývajícím olejem a opékejte šest minut. Opakujte jablka na polici přímo pod pstruhy. Díky tomu se drobky nepřipálí a zahřátí by mělo trvat jen dvě minuty.

Vyndejte pánev a rozšlehejte zbývající jablečný mošt, kapary a hořčici. V případě potřeby přidejte více jablečného moštu na zředění a vařte pět minut na středně vysokou teplotu. Mělo by mít konzistenci podobnou omáčce. Naberte šťávu na rybu a podávejte s jablkem na každém talíři.

Výživa (na 100 g): 366 kalorií 13 g tuků 10 g sacharidů 31 g bílkovin 559 mg sodíku

Gnocchi s krevetami

Doba přípravy: 5 minut

Čas na vaření: 15 minut

Porce: 4

Úroveň obtížnosti: Obtížná

Ingredience:

- 1/2 lb. Krevety, loupané a zbavené
- 1/4 šálku šalotky, nakrájené na plátky
- 1/2 polévkové lžíce + 1 polévková lžíce olivového oleje
- Noky stabilní na polici 8 uncí
- 1/2 svazku chřestu, nakrájeného na třetiny
- 3 polévkové lžíce parmazánového sýra
- 1 polévková lžíce citrónové šťávy, čerstvé
- 1/3 šálku kuřecího vývaru
- Mořská sůl a černý pepř podle chuti

Pokyny:

Začněte rozehřátím půl lžíce oleje na středním plameni a poté přidejte noky. Vařte za častého míchání, dokud nezezlátnou a nezezlátnou. Bude to trvat sedm až deset minut. Umístěte je do misky.

Zahřejte zbývající lžičku oleje se šalotkou a vařte, dokud nezačnou hnědnout. Nezapomeňte zamíchat, ale bude to trvat dvě minuty.

Před přidáním chřestu promíchejte vývar. Přikryjte a vařte tři až čtyři minuty.

Přidejte krevety, dochuťte solí a pepřem. Vařte, dokud nebudou růžové a propečené, což bude trvat zhruba čtyři minuty.

Noky vraťte na pánev s citronovou šťávou a vařte další dvě minuty. Dobře promíchejte a poté odstavte z ohně.

Posypeme parmazánem a necháme dvě minuty odstát. Váš sýr by se měl rozpustit. Podávejte teplé.

Výživa (na 100 g): 342 kalorií 11 g tuků 9 g sacharidů 38 g bílkovin 711 mg sodíku

Krevety Saganaki

Doba přípravy: 15 minut

Čas na vaření: 30 minut

Porce: 2

Úroveň obtížnosti: Průměrná

Ingredience:

- 1/2 lb. Krevety se skořápkami
- 1 malá cibule, nakrájená
- 1/2 šálku bílého vína
- 1 polévková lžíce petrželky, čerstvé a nasekané
- 8 uncí rajčat, konzervovaných a nakrájených na kostičky
- 3 polévkové lžíce Olivový olej
- 4 unce sýra Feta
- Kostková sůl
- Dash černý pepř
- 14 lžiček česnekového prášku

Pokyny:

Vyndejte hrnec a nalijte do něj asi dva palce vody a přiveďte ji k varu. Vařte pět minut a poté sceďte, ale nechte si tekutinu. Krevety i tekutinu dejte stranou.

Dále rozehřejte dvě lžíce oleje a po zahřátí přidejte cibuli. Vařte, dokud cibule nebudou průsvitné. Smíchejte petržel, česnek, víno, olivový olej a rajčata. Vařte půl hodiny a míchejte, dokud nezhoustne.

Odstraňte nohy krevet, stáhněte skořápky, hlavu a ocas. Jakmile zhoustne, přidejte do omáčky krevety a vývar z krevet. Nechte pět minut vařit a poté přidejte sýr feta. Necháme odstát, dokud se sýr nezačne rozpouštět, a poté podáváme teplé.

Výživa (na 100 g): 329 kalorií 14 g tuku 10 g sacharidů 31 g bílkovin 449 mg sodíku

Středomoří losos

Doba přípravy: 10 minut

Čas na vaření: 20 minut

Porce: 2

Úroveň obtížnosti: Snadná

Ingredience:

- 2 filety z lososa, bez kůže a 6 uncí každý
- 1 šálek cherry rajčat
- 1 polévková lžíce kapary
- 1/4 šálku cukety, nakrájené najemno
- 1/8 lžičky černého pepře
- 1/8 čajové lžičky mořské soli, jemné
- 1/2 polévkové lžíce olivového oleje
- 1,25 unce zralých oliv, nakrájených na plátky

Pokyny:

Připravte troubu na 425 stupňů a poté ryby posypte solí a pepřem z obou stran. Umístěte rybu v jedné vrstvě na zapékací misku poté, co ji potřete sprejem na vaření.

Spojte rajčata a zbývající ingredience, nalijte směs na filety a pečte dvacet dva minut. Podávejte teplé.

Výživa (na 100 g): 322 kalorií 10 g tuků 15 g sacharidů 31 g bílkovin 493 mg sodíku

www.ingramcontent.com/pod-product-compliance
Lightning Source LLC
Chambersburg PA
CBHW050348120526
44590CB00015B/1602